国家能源集团：可持续驱动型社会责任管理

《国家能源集团：可持续驱动型社会责任管理》编写组　编著

企业管理出版社
ENTERPRISE MANAGEMENT PUBLISHING HOUSE

图书在版编目（CIP）数据

国家能源集团：可持续驱动型社会责任管理 /《国家能源集团：可持续驱动型社会责任管理》编写组编著. -- 北京：企业管理出版社，2021.6
ISBN 978 - 7 - 5164 - 2414 - 8

Ⅰ.①国… Ⅱ.①国… Ⅲ.①能源工业 - 工业企业 - 企业责任 - 社会责任 - 研究 - 中国 Ⅳ.①F426.2

中国版本图书馆 CIP 数据核字（2021）第 115016 号

书　　名：	国家能源集团：可持续驱动型社会责任管理
作　　者：	《国家能源集团：可持续驱动型社会责任管理》编写组
责任编辑：	郑　亮　黄　爽
书　　号：	ISBN 978 - 7 - 5164 - 2414 - 8
出版发行：	企业管理出版社
地　　址：	北京市海淀区紫竹院南路 17 号　　邮编：100048
网　　址：	http://www.emph.cn
电　　话：	编缉部（010）68701638　发行部（010）68701816
电子信箱：	emph001@163.com
印　　刷：	河北宝昌佳彩印刷有限公司
经　　销：	新华书店
规　　格：	710 毫米×1000 毫米　　16 开本　　8.25 印张　　107 千字
版　　次：	2021 年 6 月第 1 版　　2021 年 6 月第 1 次印刷
定　　价：	58.00 元

版权所有　翻印必究　印装有误　负责调换

总　序（一）

感谢读者朋友们对中央企业社会责任管理工作，对中央企业社会责任管理之道丛书的关注与支持！

企业在自身发展的同时，应该当好"企业公民"，饮水思源，回报社会，这是企业不可推卸的社会责任，也是构建和谐社会的重要内容。大量事实证明，只有富有爱心的财富才是真正有意义的财富，只有积极承担社会责任的企业才是最有竞争力和生命力的企业。重经济效益、轻社会效益的企业，只顾赚取利润、不顾安全生产的企业，终究难以持续。这一重要论述充分阐明了履行社会责任对企业可持续发展的重要意义。

国有企业是中国特色社会主义的重要物质基础和政治基础，是党执政兴国的重要支柱和依靠力量。中央企业大多处在关系国家安全和国民经济命脉的重要行业和关键领域，是中国特色社会主义的重要物质基础和政治基础，在我国经济社会发展中发挥着不可替代的重要作用，履行社会责任可谓中央企业的"天职"。经过多年改革发展，中央企业的规模不断扩大、活力不断增强、创造力不断提升，在履行社会责任方面更应走在前列、做出表率。

多年来，一大批中央企业大力开展社会责任工作，不仅做到了实践上有亮点、理论上有创新，同时，还实现了形象上有升级、管理上有提升，形成了丰富多彩、成效显著的企业社会责任管理推进路径和做法，具备总结形成管理模式的条件。中央企业通过践行社会责任，走上与社会共同可持续发展之路，为我国全面建成小康社会和联合国 2030 可持续发展目标做出积极贡献；也通过对企业社会责任管理的不断探索，在丰富全球企业管理理论方面做出了自己的独特贡献。

我们出版这套中央企业社会责任管理之道丛书，希望通过适时总结、分享中央企业的社会责任管理推进模式，起到以下几个方面的作用：一是通过系统总结分析，进一步推动中央企业提升社会责任管理工作；二是支持中央企业成为全球履行社会责任的典范，服务于建设"具有全球竞争力的世界一流企业"；三是为中央企业参与全球市场竞争奠定基础，成为高质量共建"一带一路"的表率；四是为其他企业开展社会责任管理工作提供有益借鉴，为全球可持续发展贡献来自中国企业的最佳实践经验。

2020 年，丛书选取国家电网、中国建筑、华润集团等中央企业为代表，总结了这些企业各具特色的社会责任推进模式，包括《国家电网：双向驱动、示范引领型社会责任管理》《中国建筑：品牌引领型社会责任管理》《华润集团：使命驱动型社会责任管理》等。

2021 年，丛书选取中国核电、国家能源集团、中国三峡集团为代表，出版了《中国核电：公众沟通驱动型社会责任管理》《国家能源集团：可持续驱动型社会责任管理》《中国三峡集团：初心引领型社会责任管理》。

未来，我们将持续总结其他中央企业的社会责任管理之道，与社会各界进行分享交流。希望大家一如既往地支持中央企业，共同推动中央企业社会责任管理迈上新台阶！

中央企业社会责任管理之道丛书编委会

2021 年 6 月

总　序（二）

企业社会责任已成为新一轮经济全球化的重要特征。自20世纪初以来，全球企业社会责任的发展经历了20世纪70年代之前企业社会责任概念产生阶段，20世纪70年代后至20世纪末的企业社会责任欧美共识阶段，自2000年以来，企业社会责任进入全球共识阶段。

自2000年以来，企业社会责任在中国发展迅速。中国企业社会责任的发展由概念辩论走向基本共识，进而发展到企业社会责任管理阶段，与全球企业社会责任管理实现了快速同步。

2000—2005年是现代企业社会责任概念的辩论阶段，社会各界对企业履行社会责任问题还处在争议的时期。2006—2011年是中国企业社会责任基本共识阶段。在这个阶段，中国全过程参与社会责任国际标准ISO 26000的制定，并最终对ISO 26000投了赞成票。这个赞成票是在参与制定ISO 26000的六个利益相关方群体意见基础上最终决定的，也是中国企业社会责任发展的利益相关方第一次全面达成共识。2012年以来，中国企业社会责任管理实践蓬勃发展。

2006年和2012年是中国企业社会责任发展的两个重要里程碑。2006年可称为中国企业社会责任元年，其重要标志是新修订的《公司

国家能源集团：可持续驱动型社会责任管理

法》明确提出公司要承担社会责任，国家电网公司首份社会责任报告得到了时任总理温家宝的批示和肯定。2012年可称为中国企业社会责任管理元年，其重要标志是国务院国有资产监督管理委员会（以下简称国务院国资委）将社会责任管理列为中央企业管理水平提升的13项重点措施之一，企业社会责任管理成为提升央企管理水平的重要内容。自此，中国企业社会责任进入社会责任管理发展的新阶段，众多中央企业开始了丰富多彩的企业社会责任管理探索和实践，打开了各类企业从履行社会责任到系统开展社会责任管理的新篇章。

企业社会责任管理

一般来说，企业社会责任管理是指企业有目标、有计划、有执行、有评估、有改进地系统性开展社会责任实践的活动；具体地说，是企业有效管理其决策和活动所带来的经济、环境和社会影响，提升责任竞争力，最大化地为利益相关方创造经济、环境和社会综合价值作贡献，推动社会可持续发展的过程。企业社会责任管理包括社会责任理念管理、生产运营过程的社会责任管理及职能部门的社会责任管理。企业社会责任作为一种发展中的新型管理思想和方法，正在重塑未来的企业管理，具体体现在企业管理理念、管理目标、管理对象和管理方法等方面。

重塑企业管理理念。企业将由原来的股东（投资人）所有的公司转向由股东和其他企业利益相关方共同所有的公司；企业将由原来的盈利最大化或者股东利益/企业价值最大化转向追求兼顾包括股东在内的利益和诉求的平衡，追求经济、环境和社会综合价值的最大化和最优化，实现企业可持续经营与社会可持续发展的多赢和共赢。

重塑企业管理目标。企业责任竞争力将会成为企业未来的核心竞争力。企业责任竞争力就是企业在运用自身专业优势解决社会和环境可持续发展所面临的挑战和问题的同时，还能取得良好的经济效益，其根本目标是服务企业、社会和环境的共同可持续发展，其本质是企业的决策和活动做到公平与效率的有机统一。

重塑企业管理对象。企业的管理对象由原来的集中于企业价值链对象的管理扩展到更广泛的利益相关方关系管理。特别重要的是将企业社会责任理念融入其中，从而形成企业各利益相关方的和谐发展关系，取得各利益相关方更大范围的认知、更深程度的认同和更有力度的支持。

重塑企业管理方法。在企业治理理念上，要创造更多的形式，让更多的利益相关方参与公司的重大决策，包括企业管理目标的制订。在生产运营各环节上，更加重视发挥更多利益相关方的作用，使他们能以各种方式参与到企业生产运营的各个环节中来，包括企业的研发、供应、生产、销售及售后服务等，使每个环节都最大限度地减少对社会、经济和环境的负面影响，最大限度地发挥正面效应。特别是通过不断加强与利益相关方的沟通及对其关系的管理，企业能够更加敏锐地发现市场需求，能够更加有效地开拓无人竞争的、全新的市场空间和商机。

中央企业社会责任管理推进成就

中央企业是我国国民经济的重要支柱，是国有经济发挥主导作用的骨干力量，履行社会责任是中央企业与生俱来的使命，全社会对中央企业履行社会责任有着更高的要求与期待。

国务院国资委高度重视中央企业社会责任工作，从政策指导、管理

国家能源集团：可持续驱动型社会责任管理

提升、加强沟通等方面全面推动中央企业履行社会责任。在国务院国资委的指导下，一批深耕企业社会责任管理的中央企业不仅做到了在理论上有创新，在实践上有亮点，同时还实现了管理上有升级、竞争力上有提升，推动企业社会责任管理发展进入新的境界。观察和研究发现，中国的一批一流企业通过探索社会责任管理推进企业可持续发展的新路径，形成了丰富多彩、成效显著的企业社会责任管理推进模式。

位列《财富》世界500强第三位的国家电网公司，经过十余年的持续探索，走出了一条上下驱动、示范引领的全面社会责任管理推进之道，全面社会责任管理的综合价值创造效应正在公司各个层面逐步显现。全球最大的投资建设企业——中国建筑走出了一条品牌文化驱动型的社会责任管理推进之道，从开展社会责任品牌及理念管理出发，以社会责任理念重新定义企业使命，细化社会责任管理指标，通过将职能部门管理落实到企业生产运营过程中，形成了社会责任管理的完整循环。作为与大众生活息息相关的多元化企业，华润集团走出了一条以使命为引领的履责之路，将使命作为社会责任工作的试金石，塑造责任文化，开展责任管理，推动责任践行，实现承担历史使命、履行社会责任和推动企业可持续发展的有机统一。中国核电以响应时代变革与利益相关方多元化诉求为驱动，形成了公众沟通驱动型社会责任管理。通过公众沟通找准公司社会责任管理的出发点和着力点，在推进社会责任管理提升的同时，对内培育富有激励、富有特色、积极向上的企业文化，对外提升中国核电的品牌影响力、感召力和美誉度，形成了"责任、品牌、文化"三位一体推进社会责任管理之道。国家能源集团在原国电集团以"责任文化推动"、大规模发展新能源为主题和原神华集团"战略化组织化推动"、以化石能源清洁化和规模化发展为主题的履责特征的基础上，探索形成了可持续引领的社会责任管理推进模式。其具体方式是以可持续方式保障可持续能源供应为目标，以"高层表率、再组织化、责任文化"推动为特征，以"化石能源清洁化，清洁能源规模化"为核心履责主题。中国三峡集团秉承建设三峡工程，护佑长江安澜的初衷，在实践发展中凝聚成"为国担当、为民造福"的责任初心，并以此为引领形成了初心引领型社会责任管理推进模式。其具体内涵是以责任初心为根本遵循，形成了由"战略定力""多方参与""机制保障""透明沟通"构建的四位一体推进路径，致力于创造利益相关方综合价值最大化。此外，还有中国移动社会责任主题驱动型社会责任管理推进之道，中国南方电网公司的战略驱动型社会责任管理推进之道，中国五矿集团最大化有利影响、最小化不利影响综合价值创造驱动型社会责任管理推进之道，中国广核集团透明运营驱动型的社会责任管理推进之道，中国铝业公司全面应用社会责任国际标准 ISO 26000，走出了一条标准驱动型社会责任管理推进之道。我们欣喜地看到这些中国一流企业正在通过社会责任管理创新企业管理的历史，中国企业社会责任管理正在中央企业的带动下，登上世界企业管理的历史舞台。

中国企业管理发展的历史机遇

企业社会责任是经济社会发展到一定历史阶段的产物，是经济全球化和人类可持续发展对企业提出的更多、更高和更新的要求，也是人类对企业提出的新期待。社会责任管理正是全球先锋企业在这一领域的新探索和新进展。

社会责任管理对全球企业来讲都是一个新课题。如果说改革开放以

国家能源集团：可持续驱动型社会责任管理

来，中国企业一直处于向西方企业不断学习企业经营管理理念和经验的阶段，那么，社会责任的发展提供了中国企业在同一起跑线上发展新型经营管理之道的难得机遇。中国企业如能创新运用社会责任管理理念和方法，率先重塑企业管理，将有望在全球市场竞争中赢得责任竞争优势，在为全球企业管理贡献中国企业管理经验的同时，引领新一轮更加负责任的、更加可持续的经济全球化。

本套丛书将首先面向中国社会责任先锋企业群体——中央企业，系统总结中央企业将社会责任理念和方法系统导入企业生产运营全过程的典型经验。其次，持续跟踪研究中国各类企业的社会责任管理实践，适时推介企业社会责任管理在中国各类企业的新实践、新模式和新经验。最后，借助新媒体和更有效的传播方式，使这些具有典型意义的企业社会责任管理思想和经验总结走出企业、走向行业、走向上下游、走向海内外，成为全球企业管理和可持续发展的中国方案样本。

本套丛书着眼于面向国内外、企业内外传播社会责任管理方面的做法和实践，主要有以下几个目标：面向世界传播，为世界可持续发展贡献中国企业智慧；面向中国传播，为中国企业推进社会责任管理提供样本；面向企业传播，为样本企业升级社会责任管理总结经验。

党的十九大开启了新时代中国特色社会主义新征程。在中国共产党成立100周年之际，我们取得了脱贫攻坚的伟大胜利，实现了全面建成小康社会的第一个一百年的奋斗目标。到21世纪中叶中华人民共和国成立100年时基本实现现代化，建成富强民主文明的社会主义强国的第二个一百年的伟大目标呼唤中国企业新的历史使命和责任。中国企业以什么样的状态迎接新时代、开启新征程？坚定地推进企业社会责任管理，依然是一流中国企业彰显时代担当的最有力的回答。企业社会责任

总　序（二）

只有进行时，没有完成时，一流的中国企业要有担当时代责任的勇气、创新进取的决心，勇做时代的弄潮儿，不断在企业社会责任和可持续发展道路上取得新突破。这是世界可持续发展的趋势所向，也是中国企业走向世界、实现可持续发展的必由之路。

习近平总书记指出："只有积极承担社会责任的企业才是最有竞争力和生命力的企业。"创新社会责任管理将是企业积极承担社会责任的有效路径，是实现责任竞争力和长久生命力的新法门，希望这套"中央企业社会责任管理之道"丛书能为企业发展贡献绵薄之力。

企业社会责任管理无论是在理论上还是在实践上，都是一个新生事物，本丛书的编写无论是理论水平还是实践把握，无疑都存在一定的局限性，不足之处在所难免，希望读者不吝提出改进意见。

丛书总编辑

2021 年 5 月 20 日

序

能源是人类文明进步的基础和动力，攸关国计民生和国家安全，关系人类生存和发展，对于促进经济社会发展、增进人民福祉至关重要。党的十八大以来，中国发展进入新时代，中国的能源发展也进入新时代。习近平总书记提出"四个革命、一个合作"能源安全新战略，为新时代中国能源发展指明了方向，开辟了中国特色能源发展新道路。新时代我国的能源发展，既为国家经济社会持续健康发展提供了有力支撑，也为维护世界能源安全、应对全球气候变化、促进世界经济增长做出了积极贡献。

在国务院国资委的组织推动下，原国电集团和原神华集团高度重视社会责任建设，社会责任管理和实践在"质"与"量"上都实现了较快较好发展。原国电集团在探索中形成了以"责任文化"为特征，大规模发展新能源的履责模式。原神华集团逐步形成了以"战略化组织化推动"为特征，以化石能源清洁化和规模化为核心主题，以追求"按照社会责任国际标准打造世界一流责任神华"为履责目标的社会责任履责模式。这些为探索社会责任管理推进之路奠定了重要基础。能源是人类文明进步的基础和动力，攸关国计民生和国家安全，关系人类生

国家能源集团：可持续驱动型社会责任管理

存和发展，对于促进经济社会发展、增进人民福祉至关重要。党的十八大以来，中国发展进入新时代，中国的能源发展也进入新时代。

2017年11月28日，经党中央、国务院批准，由中国国电集团公司和神华集团有限责任公司联合重组的国家能源投资集团有限责任公司（以下简称国家能源集团）正式挂牌成立，诞生了一个集煤炭、电力、运输、化工等全产业链业务，多项指标全球第一的综合性能源集团。成立以来，国家能源集团积极践行中央企业的政治责任、经济责任和社会责任，始终坚持服务国家战略，保障国家能源安全，在贯彻落实"四个革命、一个合作"能源安全新战略中发挥示范引领作用，深入推进供给侧结构性改革，充分发挥一体化战略优势，肩负起保障国家能源供应"稳定器"和"压舱石"的重大使命，积极践行中央企业的政治责任、经济责任和社会责任，高质量发展开创新局面，实现了"1＋1＞2"的成效。

能源低碳发展关乎人类未来。面对气候变化、环境安全风险挑战、能源资源约束等日益严峻的全球问题，寻找加快全球能源可持续发展新道路，已成为世界一流能源企业履行社会责任的核心内容主题。2019年6月7日，习近平总书记在第二十三届圣彼得堡国际经济论坛全会发表致辞，指出："可持续发展是各方的最大利益契合点和最佳合作切入点"，这是破解当前全球性问题的"金钥匙"。在传统的以化石能源为核心的一次能源体系中，"富煤、缺油、少气"是我国一次能源禀赋的显著特征。煤炭作为我国主体能源的地位在当前及今后相当长的一段时期内，不会发生变化，还将长期发挥重要作用，解决能源供应、生态环境等现实问题，国家能源集团认为必须做到"化石能源清洁化，清洁能源规模化"。"化石能源清洁化，清洁能源规模化"紧扣联合国2030

序

年可持续发展议程的三大任务，即经济增长、社会发展、环境保护，倡导走绿色、低碳、可持续发展之路，强调以可持续方式保障可持续能源供应，致力于人人享有可持续能源。这也成为国家能源集团推进社会责任的重要路径。

为了更好地推进社会责任，国家能源集团高度重视，领导表率示范，亲自推动，建立"决策—管理—执行"三级联动的社会责任管理沟通协调机制，形成了与"天地人"社会责任理念为一体的责任文化，为社会责任融入战略、生产运营提供了重要保障。经过三年多的实践，国家能源集团在总结原有社会责任经验的基础上，立足国情和能源行业属性，逐步探索形成了以可持续方式保障可持续能源供应为目标，以"高层表率、再组织化、责任文化"推动为特征，以"化石能源清洁化，清洁能源规模化"为主题的可持续驱动型社会责任管理模式。这对新时代能源企业高质量推进社会责任提供了有益借鉴。

"创新、协调、绿色、开放、共享"五大发展理念为实现可持续发展提供了总方针、总依据和总要求。国家能源集团是新发展理念的坚定信仰者、忠实践行者，切实用以武装头脑、指导社会责任实践，使可持续驱动型社会责任行动不断走深走实。推动"四个革命、一个合作"能源安全新战略走深走实。不断提高煤炭安全清洁高效生产水平，大力发展清洁煤电，适度发展现代煤化工，积极探索清洁可再生能源，大力实施创新驱动发展战略，全面提升科技创新能力，突破能源清洁化技术瓶颈，努力推动能源技术革命，助力能源体系向清洁化、低碳化方向发展。不断提高煤炭安全清洁高效生产水平，大力发展清洁煤电，适度发展现代煤化工，积极探索清洁可再生能源，多措并举构建清洁低碳、安全高效的能源体系。发挥技术、资金等优势，推进能源全球互联互通合

国家能源集团：可持续驱动型社会责任管理

作，致力于以可持续方式保障全球可持续能源供应，造福各国人民。

几年来，国家能源集团以可持续推动社会责任管理，以社会责任管理助力落实五大发展理念，不仅实现了经济效益的稳步增长，也为生态环境保护和社会公平正义贡献了价值，实现了经济、环境、社会综合价值创造能力的显著提升，沟通水平和运营透明度显著提高，品牌美誉度和影响力显著提升。坚持自主研发掌握核心技术与合作开发相结合，努力推动能源技术革命，抢占新一轮科技和产业竞争的制高点。"十三五"期间，风电装机由2883万千瓦增长至4604万千瓦，规模保持全球首位；水电新增装机252万千瓦。47个煤矿进入国家级（36个）和省级（11个）绿色矿山名录，占生产煤矿总数的67%，推进"国家能源集团生态林"建设，累计完成造林2万亩。国家能源集团入选"中国企业社会责任TOP前30"，入选中央广播电视总台"2019中国品牌强国盛典榜样100品牌"，在品牌联盟发布的《2020中国品牌500强》排名第9位。被国务院国资委评为"节能减排突出贡献企业"。在"2021中国品牌价值评价信息榜"中，国家能源集团以品牌价值1882.65亿元位居能源化工行业第3名。

实践表明，国家能源集团逐步探索出了一条以可持续发展为驱动，坚持创新、协调、绿色、开放、共享的新发展理念，以"化石能源清洁化，清洁能源规模化"为主题，致力于以可持续方式保障可持续能源供应的特色履责之路。国家能源集团在总结原国电集团和原神华集团社会责任推进经验的基础上，深化社会责任理念，形成了"高层领导、再组织化、企业文化"三种重要推动力，为社会责任融入战略、生产运营提供了重要保障，致力于成为世界一流企业履行社会责任的典范。这对新时代能源企业高质量推进社会责任提供有益借鉴。

序

　　站在建设世界一流能源集团起点上，国家能源集团认真践行习近平总书记"社会主义是干出来的"的伟大号召，继续塑造责任文化、健全责任管理体系、打造责任品牌，通过不断展示一流、推广一流，促进"可持续发展驱动型社会责任管理"推进模式不断完善成熟，致力于成为世界一流企业履行社会责任的典范，为全球可持续发展贡献国家能源的"智慧"和"方案"，助力构建清洁低碳、安全高效的能源体系，应对全球气候危机，保护生态环境，更好地造福世界各国人民。

目 录

第一章　积淀，可持续驱动型社会责任之基 …………………… 1
　　第一节　新时代：以可持续理念驱动发展 ………………… 3
　　第二节　起源：顺应能源发展大势，推进能源革命战略 ……… 7
　　第三节　探索：社会责任理念深植能源行业发展 ………… 9
　　第四节　深化：共同又各具特色的社会责任管理推进实践 ……… 12

第二章　融合，可持续驱动型社会责任管理之路 …………… 19
　　第一节　可持续驱动型社会责任管理模式 ………………… 21
　　第二节　可持续驱动型社会责任管理三重推动力 ………… 23
　　第三节　以新发展理念指引责任行动践行 ………………… 29
　　第四节　助力迈向世界一流能源集团 ……………………… 33

第三章　推动，可持续驱动型社会责任之行 ………………… 35
　　第一节　创新，持续注入发展活力 ………………………… 37
　　第二节　协调，优化能源产业布局 ………………………… 44

  第三节 绿色，加强生态环境保护 …………………………… 48
  第四节 开放，参与全球能源治理 …………………………… 59
  第五节 共享，助力改善国计民生 …………………………… 62

第四章 发展，可持续驱动型社会责任管理之效 …………… 77
  第一节 综合价值创造能力显著增强 ………………………… 79
  第二节 沟通水平和运营透明度显著提高 …………………… 84
  第三节 品牌美誉度和影响力显著提升 ……………………… 86

第五章 展望，国家能源集团社会责任管理未来方向 ……… 91
  第一节 打造一流 …………………………………………… 93
  第二节 展示一流 …………………………………………… 96
  第三节 推广一流 …………………………………………… 98

附录 国家能源集团企业社会责任大事记 …………………… 99

第一章

积淀，可持续驱动型
　　社会责任之基

本章导读

2008年国务院国资委发布了指导意见。原国电集团和原神华集团高度重视，持续推动社会责任建设。原国电集团形成了以责任文化为特征，大规模发展可再生能源为重要实践的履责模式。原神华集团形成了以高层引领、组织化推动为特征，化石能源清洁化和规模化为重要实践的履责模式。这些构成了国家能源集团可持续驱动社会责任管理模式的重要基础。

第一章 积淀，可持续驱动型社会责任之基

第一节 新时代：
以可持续理念驱动发展

一、迈进清洁低碳新时代

2015年9月25日，联合国可持续发展峰会在纽约总部召开，联合国193个成员国在峰会上正式通过17个可持续发展目标。可持续发展目标旨在从2015年到2030年以综合方式彻底解决社会、经济和环境三个维度的发展问题，转轨到可持续发展道路。同年12月12日，《巴黎协定》正式通过，这部国际气候公约是人类为应对全球气候变化所达成的共识，旨在将全球平均气温较前工业化时期上升幅度控制在2摄氏度以内，并努力将温度上升幅度限制在1.5摄氏度以内。2020年9月22日，习近平总书记在第七十五届联合国大会宣布："应对气候变化，《巴黎协定》代表了全球绿色低碳转型的大方向，是保护地球家园需要采取的最低限度行动，各国必须迈出决定性步伐。中国将提高国家自主贡献力度，采取更加有力的政策和措施，二氧化碳排放力争于2030年前达到峰值，努力争取2060年前实现碳中和。"[①] 2030年力争碳达峰，2060年实现碳中和，不仅承载着中国作为负责任大国的责任担当，也是我国数十年来不断奋进、坚持高质量发展的时代选择。

能源行业是二氧化碳排放的主要行业之一。作为国计民生的重点行业，能源行业发电供电，为千家万户带来了温暖和光明，但同时也在环境中排放了大量的二氧化碳。在化石能源，特别是煤炭资源在相当长的

---

① 《习近平在第七十五届联合国大会一般性辩论上发表重要讲话》，中国政府网。

时间内仍将是我国主要能源的时代大背景下,如何供应人人能负担的能源,如何向"清洁化"和"低碳化"的未来能源主流方向发展,如何有效应对全球气候变化,已经不仅仅是国家和社会对能源行业的要求,也是能源行业企业必须思考的问题。可以说,清洁能源供应是能源企业未来发展的趋势,也是全世界的期待。

国家能源集团就是在这样的时代大背景下诞生的。

二、可持续理念下的重组变革

我国《能源发展"十三五"规划》指出,"十三五"期间,我国能源行业处在深植发展优势、调整优化结构、加快转型升级的战略机遇期,同时也面临着传统能源产能结构性过剩问题、可再生能源发展面临多重瓶颈、天然气消费市场亟须开拓、能源清洁替代任务艰巨等严峻挑战。我国能源行业企业不仅要为化石能源大规模开发利用所带来的区域性生态及环境问题提供解决方案,也要应对二氧化碳大量排放所引起的全球性气候变化问题。

2017年11月28日,经党中央、国务院批准,原中国国电集团公司与原神华集团公司联合重组设立国家能源集团。两家集团重组,是近年来中央企业规模最大的一次重组,不仅在两家企业改革发展中具有里程碑意义,也是国有企业改革发展中的一件大事。国家能源集团自诞生起,就创造了四项世界第一——世界最大的煤炭生产公司,世界最大的火力发电生产公司,世界最大的风力发电公司和世界最大的煤制油、煤化工公司,是资产规模超过1.8万亿元,形成包括煤炭、火电、水电、新能源、运输、化工、科技环保、金融等业务板块的特大型能源央企。国家能源集团从成立之日起,就担负了重要的使命:深化国有企业改革、加快推进中央能源企业优化布局结构;落实能源"四个革命,一个合作"、推动我国能源产业结构调整转型升级;深化供给侧结构性改革、防范和化解煤炭煤电产能过剩；做强做优做大中央企业、加快培育具有全球竞争力的世界一流能源集团。原国电集团和原神华集团在2010年双双入选《财富》世界500强企业榜单，2017年分别排名第397位和第276位。2018年，国家能源集团入选《财富》世界500强企业榜单，排名第101位。

关于合并重组的重大意义，2017年时任国务院国有资产监督管理委员会主任、党委副书记肖亚庆在接受采访时给出了答案："两家企业重组，有利于理顺煤电关系、实现煤电一体化发展，提升企业整体盈利能力和经营效益，有利于缓解当前存在的同质化发展、资源分散等突出问题，推动企业在更高层次、更高水平上实现资源优化配置，形成更合理的行业发展新格局。"① 换句话说，两家集团合并重组是为了更好地保障我国能源供应安全，带动能源行业的可持续发展。毋庸置疑，这次跨行业、上下游产业链的整合引发了能源行业的广泛关注，是中国能源行业改革发展史上的一个重要里程碑。

作为党的十九大之后首个整合重组的中央企业，国家能源集团取用两家集团所长，彼此补充，实现了提升比较优势、打通产业梗阻、激发创新引擎，走向质量变革、效益提档、动力转换的高质量发展道路。在国务院国资委的领导下，在各界人士瞩目下，经过近4年的发展，国家能源集团管控模式不断完善，子分公司整合基本完成，专项改革多点推进，一体化协同效应更加巩固，管理融合、制度融合、干部融合取得实质性成效。随着集团体制机制的不断构建，国家能源集团展现出强大的企业韧性和顽强的企业生命力，"1+1>2"的重组效应已经成为现实。

---

① 《看神华国电合并重组：改变煤电行业现状，提升国际能源市场话语权》，新华网。

三、社会责任工作迈入新阶段

在近 4 年的发展中，国家能源集团不仅在经济效益上取得了好业绩，在低碳环保发展中也贡献了许多成熟经验和先进技术，也在民生保障、脱贫攻坚等诸多社会保障领域展现了央企担当。牢固树立和贯彻落实新发展理念，做敢啃硬骨头敢打硬仗的"斗士"，国家能源集团所取得的一系列成绩背后可以看到企业社会责任理念深植、管理重塑的影子。企业社会责任作为企业发展战略中的组成部分，让国家能源集团在迈向可持续发展的道路上走得更加稳健，更加自信，更加阳光。

如同业务的合并重组一样，国家能源集团的企业社会责任管理也延续吸纳了过去的社会责任管理风格和推进模式经验，继承了十余年来摸索出来的优秀做法。2017 年之前，两家集团公司都有近 10 年的企业社会责任管理经验，在社会责任履责实践中各自摸索、建立了符合企业发展目标和实际情况的社会责任管理运行机制。管理风格上，原国电集团主要通过企业社会责任文化，在文化传播中将社会责任理念带入每个员工的工作和生活，潜移默化地改变着员工行为；原神华集团则发挥强大的领导感召力，由上到下严格推进社会责任工作的稳步开展。国家能源集团在合并重组中延续了两家集团公司在社会责任管理工作中的良好传统，吸取了两种管理风格的优秀经验，集团领导高度重视，社会责任管理工作从一开始就呈现出高起点、高标准、高水平的"三高"特点，并奠定了企业社会责任工作在集团发展中的战略性地位。国家能源集团不断完善着集团的社会责任管理系统，让社会责任理念助力集团在"化石能源清洁化，清洁能源规模化"的道路上坚实发展，做好我国能源供应的"压舱石"和"稳定器"，用可持续的方式保障可持续能源供应。

在探索能源可持续发展的道路上，国家能源集团坚守初心，不断向前，在奋斗中创造历史，在历史中汲取力量。让我们暂时回到20年前，找寻国家能源集团社会责任工作的传承脉络。

第二节 起源：
顺应能源发展大势，推进能源革命战略

一、电力体制改革时期诞生的发电巨头

2000年，我国开始考虑电力市场化改革可能带来的风险。2002年12月29日，中国电力新组建（改组）公司成立大会在北京人民大会堂召开，国家电网、国电集团等11家公司正式宣告成立[①]。国电集团主要担负着为我国组织电力生产的任务。随着实力不断增强，集团在成立之后的十余年发展中，电力业务不断壮大，形成了以电源的开发、组织电力（热力）生产和销售、发电设施、新能源等组成的电力发展体系，并涵盖了国内外投融资业务，自主开展外贸流通经营、国际合作、对外工程承包和对外劳务合作等其他相关业务。

二、特大型能源企业的组建

中华人民共和国成立后，广大煤矿和电力工人自力更生、艰苦奋斗，为经济社会实现快速发展筑牢坚实的工业基础。改革开放后，煤矿和电力工人积极投身中国特色社会主义现代化建设，我国能源工业实现

---

① 2002年11家新组建电力公司包括：国家电网公司、中国南方电网有限公司、中国华能集团公司、中国大唐集团公司、中国华电集团公司、中国国电集团公司、中国电力投资集团公司、中国电力工程顾问集团公司、中国水电工程顾问集团公司、中国水利水电建设集团公司和中国葛洲坝集团公司。

跨越式发展。1995年10月，经国务院批准，神华集团正式成立。集团脱胎于华能精煤公司，以煤电路港航"五位一体化"、产运销"一条路"为特征模式，是按照《公司法》组建的国有独资公司。它的出现，不仅意味着我国煤炭开采进入了新的历史阶段，也意味着煤炭将在未来的20年中与电力、热力生产和供应，煤制油及煤化工，铁路，港口紧密交织在一起，共同推进我国能源行业从单一型向综合型迈进。随着时间的推移，集团逐渐发展成了以煤炭生产、销售，电力、热力生产和供应，煤制油及煤化工，相关铁路、港口等运输服务为主营业务的综合性大型能源企业。

煤炭开采、火力发电的蓬勃发展给中国人带来了充足的电力，保障了人民更幸福的生活。在两家集团刚起步的那段时间，扩大煤炭开采规模，发展大体量火力发电是两家集团公司探索的战略发展方向。在我国经济迅猛发展的历史发展阶段，追求最大限度地为国计民生提供稳定且持续的能源供应保障，是两家集团最重要的社会责任。

在公司发展进入成熟期、逐渐进入转型期时，两家集团意识到，传统的火力发电无法满足社会发展对能源的需求，中国可持续的未来不仅仅要求能源企业继续提供稳定的电力供应，更要兼顾未来的能源供应。虽然世界不同地区和国家的能源资源禀赋不同，经济和技术发展水平不同，生活习惯有所不同，对能源的需求也有所差异，但发展清洁能源将是我们共同的目标。在这样的思考下，两家集团不约而同地、义无反顾地突破舒适圈，大步转向新能源和清洁能源的发展，从零开始，重新打造自己的核心竞争力。一场发轫于企业内部，贡献社会福祉的革命在人们未发觉时悄然兴起了。

第三节　探索：
社会责任理念深植能源行业发展

2008年1月4日，国务院国资委颁布下发《关于中央企业履行社会责任的指导意见》（以下简称指导意见）。两家集团对此高度重视，并结合企业实际情况开展了社会责任工作的实践探索。

一、国电集团确立"大力发展新能源"社会责任核心主题

风电发展一直是国电集团的主要核心竞争优势。截至2008年年底，集团的风电机组可控装机容量达到286.9万千瓦，占可控总装机容量的4.08%，继续稳居行业之首。风电规模位居亚洲第一，世界第六[1]。新能源的迅猛发展培养了集团对能源行业未来发展趋势的直觉判断，在指导意见的影响下，在对社会责任理念进行深入思考和战略考量之后，为了实现又好又快的可持续发展，集团在2008年将社会责任纳入整体战略考量和日常管理之中，要求稳步推进企业转型，提出了由相对单一的发电集团向综合性能源集团转变，由主要依靠增加能源消耗向集约型、创新型企业转变的战略构想[2]。

2009年11月3日，国务院国资委2009年中央企业社会责任工作会议对中央企业社会责任工作提出了新的指导意见，要求中央企业从战略的高度认识企业社会责任，将社会责任理念融入企业各项工作中[3]。会议召开后，集团贯彻会议精神，结合上一年的探索经验，制定实施了

---

[1][2]《中国国电2008社会责任报告》。
[3]《国务院国资委召开中央企业社会责任工作会议》，中央政府门户网站。

《中国国电集团公司履行社会责任指引》，把履行社会责任纳入公司治理，融入企业发展战略，落实到生产经营的各个环节，将履行好经济管理、安全生产、节能环保、科技创新、持续发展和构建和谐六大责任作为价值追求。集团建立了社会责任管理体系，成立社会责任工作委员会，下设社会责任工作办公室；建立社会责任报告制度，每年及时编制和发布年度社会责任报告，上市公司按照国际通行规则报告承担社会责任情况。

同年，集团确立了"以大力发展新能源引导企业转型"的发展思路，提出了"着力提高水电开发规模和质量，增加可再生能源比重；着力发展风电、核电、太阳能等清洁可再生能源，占领新能源开发制高点；着力开展煤炭综合开发利用，建设大型低碳化能源基地；着力发展以新能源为核心的高新技术产业，形成行业领先的新型产业集群；着力推广清洁煤发电技术，建设节能环保燃煤电厂"所组成的"五个着力"工作措施[1]。集团推出《新能源发展规划纲要》作为公司新能源发展的行动方案，提出要大力发展新能源以增强企业的硬实力，积极推进核心技术创新，抢占新能源技术制高点等一系列战略举措[2]。在新战略指引下，2009年，集团新能源和可再生能源装机容量占总装机容量的20%[3]，并在之后的几年逐步提升占比，展示了集团坚决落实新能源发展的决心和行动力。

二、神华集团确立"提供绿色清洁能源"社会责任核心主题

2008—2009年，是神华集团企业社会责任工作的起步之年。2008年，集团确立了"科学发展，再造神华，五年实现经济总量翻番"的

---

[1][3] 《中国国电2009社会责任报告》。
[2] 《国电集团战略：发展新能源促转型》，北极星电力网。

发展战略，并提出了社会责任管理是建立在质量效益型、本质安全型、科技创新型、资源节约型、和谐发展型的"五型企业"基础之上的管理理念。同年，集团确立了自己的 12 字社会责任价值观：奉献能源、科学发展、和谐共赢。奉献能源意为社会发展提供绿色能源，把集团打造成国际一流大型能源企业，体现了集团的企业使命和战略愿景，也是集团承担企业社会责任的基础。科学发展总结了集团坚持走新型工业化道路，从注重规模、速度的外延式发展转向注重质量、效益的内涵式发展，将生产安全、环境管理纳入企业发展战略的总体发展方向。这是集团企业发展的指导思想、核心价值观，也是集团承担企业社会责任的方式与手段。和谐共赢既是集团对企业利益相关方关系的认识，也是集团履行社会责任所希望达到的一种境界[1]。依据社会责任管理理念，集团制定了相应的工作重点和目标，包括推进节能减排，提高资源利用率，改善业务所在地的生态环境；建立内外部沟通机制，对内协调、宣贯企业社会责任工作，对外传播集团企业社会责任理念，将企业社会责任的具体工作落到实处等具体任务要求。

作为中国第六大发电企业，集团注重化石能源的清洁化发展。2009 年，集团确立了以建设"资源节约型，环境友好型"企业为导向，坚持"高碳产业，低碳发展"，注重"煤炭清洁高效转化、资源综合利用"的电力发展方向，探索电厂清洁生产的循环经济模式，走低碳发展之路，塑造"绿色神华"，并推动自身和行业的绿色转型。

集团在化石能源清洁化、提供绿色清洁能源方面取得了一系列成绩。2008 年，集团煤直接液化示范工程投煤试车成功，推动我国成为世界上唯一掌握百万吨级煤直接液化关键技术的国家[2]。大力推进北京低碳能源研究所建设，集团成为中国乃至世界低碳能源发展的"试验

---

[1][2] 《神华集团 2008 社会责任报告》。

田"和"示范基地"。海水淡化、直接空冷、海水冷却、抑制次同步谐振、大型机组 DCS 及脱硫脱硝系统装备国产化等技术创新和技术集成，带动集团创新应用洁净煤技术，实现煤基能源低碳化[①]。

在 2008—2011 年的社会责任发展中，国电集团和神华集团逐步确立了"大力发展新能源""提供绿色清洁能源"的社会责任核心主题，形成了具有各自特征的履责模式，并分别在清洁能源规模化和化石能源清洁化方面取得了突出成绩。

第四节 深化：
共同又各具特色的社会责任管理推进实践

2011 年、2012 年，国务院国资委相继出台了《中央企业"十二五"和谐发展战略实施纲要》《关于中央企业开展管理提升活动的指导意见》。在这两份文件的指导下，两家集团进一步明确了以可持续发展为目标，将社会责任融入管理思路，探索可复制、可推广的社会责任管理方法，两家集团的社会责任管理工作围绕促进能源行业可持续发展的履责主题，形成了共同而各具特色的社会责任管理推进实践。

一、国电集团形成以"责任文化"为特征，大规模发展新能源的履责模式

为了在满足国务院国资委要求的同时符合自身工作需要，国电集团在实践探索中形成了以"责任文化"为特征，大规模发展新能源的企业社会责任履责模式。

集团将履行社会责任作为价值观念和经营理念，全方位、多层次融

[①] 《神华集团 2008 社会责任报告》。

第一章 积淀，可持续驱动型社会责任之基

入企业文化，从核心、战略、管理三个层面，形成了与社会责任理念为一体的企业文化理念体系，使履行社会责任成为员工的思想自觉和行动自觉。集团将社会责任融入核心理念，坚持"严格、高效、正义、和谐"的价值观，大力弘扬"永无止境、创造一流"的企业精神，实施以新能源引领企业转型战略；融入战略理念，始终坚持"建设一流综合性电力集团"战略目标不动摇，紧紧抓住"不断培育和增强企业综合竞争力"责任使命，把"以大力发展新能源引领转型"上升到战略高度；融入管理理念，坚持企业文化建设与企业履责实践相结合，通过企业文化建设让社会责任变成员工理念、意识和实践。

为了进一步强化社会责任管理，2011年年初，集团成立了由集团公司总经理、党组书记主持的《中国国电集团公司社会责任报告》编辑委员会和编辑工作办公室。2013年，集团提出了"一五五"战略，即建设一流综合性电力集团，做好"五篇文章"，打造"五个国电"，将社会责任理念融入集团"一五五"战略。通过企业社会责任报告、文化宣传、新闻媒介、信息报告、企业开放日等形式，向社会宣传公司社会责任理念，沟通社会责任实践情况。

为推动社会责任理念深入人心、化为行动，集团结合社会责任相关处室的职能责任，逐步摸索出一套"责任文化"的推动方法。在实践过程中，集团坚持企业文化建设与企业履责实践相结合，发布了《中国国电集团公司企业社会责任宣传手册》，透过"科学战略绘新图""五篇文章开新局""马年奋蹄踏新程"三大篇章，以顺口溜的形式图文并茂地展现了集团"一五五战略"的核心内容。《中国国电集团公司企业社会责任宣传手册》共印制了3万余册，分发至全系统基层班组，并通过网络手机广泛传播。《中国国电集团公司企业社会责任宣传手册》在编制时将社会责任理念作为企业文化的一部分融入其中，确保员工"入耳、入脑、入心、入行"，为推动社会责任履责实践打下了坚

国家能源集团：可持续驱动型社会责任管理

实的基础。同时，集团把企业文化理念、行为要求融入干部职工岗位职责，动员各下属单位积极创作文化产品，在集团网站首页开辟"思享家园"网站专栏，以传播新方式诠释企业文化内涵，用国电企业文化带动企业社会责任变得具体鲜活，以"家园文化"冠名的企业文化品牌促进了企业文化和责任理念的宣贯落地。

在"以大力发展新能源引导企业转型"发展思路的引领下，集团始终坚持对新能源的发展，不断优化产业结构，根据发展形势，围绕风电、太阳能、天然气发电等重点领域布局，清洁能源发展取得了显著成效。水电发展方面，集团构建以大渡河流域为主，新疆维吾尔自治区、云南省、四川省、西藏自治区"四区一流域"的水电战略布局，智能化水电站建设水平位居全国前列。优化风电发展质量，确定了优化发展布局、优化可研设计、优化管理模式的"三个优化"发展理念。高质量完成300万千瓦投产目标，总装机达2583万千瓦，继续保持世界第一。截至2017年合并重组时，集团已建成了内蒙古自治区、新疆维吾尔自治区、河北省等风电基地，风电装机位列世界第一，装备水平、发电量和经济效益均保持亚洲领先。其他新能源发展方面，太阳能、核电、海洋能、地热、生物质等其他新能源协同发展，成立海洋能国家级技术研发中心，拥有亚洲最大的潮汐电站和国内最大的地热电站。

集团的新能源发展获得了国内外的一致认可。2016年3月30日，在国家主席习近平和捷克共和国总统米洛什·泽曼的见证下，集团与捷克SWH集团签署《关于在可再生能源与清洁能源领域开展经济技术合作及中方拟收购捷方若干风电项目的协议》。同年3月23日，国务院总理李克强在海南三亚参观澜沧江—湄公河国家合作展国电集团展台时，重点听取了集团风电产业发展及清洁高效燃煤电厂等情况，了解了集团在风电设备制造和清洁高效燃煤电厂建设方面的先进技术和产能。国家领导人的重视印证了集团在新能源发展上取得的成绩。

二、神华集团形成以"战略化组织化推动"为特征，化石能源清洁化和规模化的履责模式

以"五型企业"为基础的社会责任管理理念、"奉献能源、科学发展、和谐共赢"的12字社会责任价值观一直指引着神华集团企业社会责任工作的核心理念和工作基础。在10余年的企业社会责任管理和实践中，集团逐步形成了以"战略化组织化推动"为特征，以"化石能源清洁化和规模化"为核心主题，以追求"按照社会责任国际标准打造世界一流责任神华"为履责目标的企业社会责任履责模式。

在社会责任管理推动过程中，集团将"提高企业履行社会责任能力"写入发展战略，探索形成了一套"四有"社会责任管理方法：有机构，成立集团社会责任工作领导小组，总经理亲自抓，配备专门的社会责任管理部门和工作人员，形成自上而下的组织体系；有规划，将社会责任工作目标和重点任务纳入《神华集团公司"十三五"发展规划》，一同部署、一同实施；有制度，制定《神华集团公司社会责任管理手册》《社会责任报告编印及使用管理办法》等规范制度；有能力，通过专题培训、知识讲座、经验交流等形式，对子分公司社会责任管理人员轮训，提高员工能力。"四有"方法明确了各层级人员的工作职责，带动整体社会责任工作有条不紊地进行，带动整个集团更负责任地发展。

2011年是集团社会责任工作走向更为成熟的一年。在这一年中，集团健全社会责任管理架构，设立社会责任相关委员会，对公司社会责任战略进行管理，在总部相关部门及各子（分）公司相关部门负责落实社会责任规划。同时，集团构建了涵盖节能减排与环境保护、员工权益、社会贡献等方面的社会责任指标体系，并依据该指标体系进行绩效评估和信息披露。打造责任文化也是集团社会责任重点工作之一，在实践探索中，集团将社会责任融入企业文化和行为准则，为提

国家能源集团：可持续驱动型社会责任管理

升企业可持续性提供支持。在2013年，除总部外，神东煤炭集团、神宁煤业集团、朔黄铁路发展公司三家单位试点开展独立编制发布社会责任报告工作，由此开启了下属公司加强社会责任管理的良好开端，组织化运行模式得以更加良性运转，负责任的企业文化和行为准则得以更加深入人心。

在生产发展方面，集团一以贯之地坚持清洁低碳发展，走"绿色神华"之路，获得了长足进步。社会责任理念也为集团化石能源清洁化和规模化发展起到了助力作用。2011年，集团要求规划制订要遵循保护环境和节能减排原则，兼顾项目开发、节能减排和环境保护，坚持环保一票否决权，体现了央企的环境责任担当。正是因为集团坚持低碳清洁的发展理念，2011年，集团荣膺"中国低碳榜样"奖，获国务院国资委"中央企业'十一五'节能减排优秀企业"。此后的几年中，集团积极发展煤基清洁能源，缓解中国石油短缺压力，保障了能源长期供应安全。同时，实现煤炭低碳转化，提升煤炭资源价值，延伸煤炭利用产业链，带动化工相关行业发展。集团煤直接液化示范工程建成并运营，我国成为世界上首个掌握百万吨级煤直接液化关键技术的国家，集团成为全球最大的煤化工企业。

2014年是集团社会责任工作迅猛发展的一年，高层领导对社会责任重视程度不断提高。"提高履行社会责任的能力"首次纳入公司战略，社会责任专项规划纳入"十三五"规划进行重点编制，从履行社会责任的高度统筹和规划各项工作，推动社会责任融入公司战略，体现了公司以社会责任要求和标准统领改革转型的发展思路。集团提出"1245"清洁能源发展战略，在发展理念和发展方式中处处体现了以社会责任要求和标准统领改革转型的发展思路，正式确立了将提高履行社会责任的能力作为"五个提高"之一。在高层领导的亲自指挥下，集团按照"年初计划—年中落实—年末总结"的社会责任管理路径，按期召开社会责任工作会议，在体系建设、能力建设、融入运营、责任沟通四个方面部署年度社会责任工作，推动了集团整体社会责任工作的不断前进。

自1995年成立到2017年的22年间，集团生产经营实现跨越式发展，煤炭产量增长147倍，煤炭销量增长93倍，发电量增长近2000倍，铁路运量增长71倍，为国家和社会创造价值近1万亿元，实现了国有资本25倍增值，每年为国家贡献一个"神华"。集团在国家"三去一降一补"要求下，化解煤炭过剩产能的措施，累计压减煤炭产能1.03亿吨，率先完成"去产能"任务，为此后国家能源集团"化石能源清洁化"的发展大方向奠定了发展基础。

70年沧海桑田，我国能源产业由弱到强，走出了一条中国特色能源发展道路。国电集团和神华集团完成时代使命，已经成为辉煌的历史、美好的记忆。国家能源集团成立之后，以保障国家能源安全稳定供应、促进经济社会持续健康发展作为使命任务，将追求绿色发展作为核心价值观，通过改变自己，与国家发展步调同步，与时代共鸣。无论是在国计民生考量下创立国电集团和神华集团，还是在全球能源大变局下的合并重组，国家能源集团始终坚守初心，牢记使命，以实现自身和国家的可持续发展作为最高目标和发展驱动力，积极履行社会责任，在努力建设具有全球竞争力的世界一流能源集团的道路上蹄疾步稳，承担起央企的使命与担当。站在新时代新的历史起点，国家能源集团将继续认真落实"四个革命、一个合作"能源安全新战略，以"能源供应压舱石，能源革命排头兵"为集团使命，牢记"社会主义是干出来的"伟大号召，增强"四个意识"，坚定"四个自信"，做到"两个维护"，坚定不移贯彻新发展理念，推动高质量发展。

国家能源集团将社会责任工作融入集团现在和未来的战略中，让集团发展更富有生命力，朝向企业更清洁、更低碳的方向发展，同时也积

国家能源集团：可持续驱动型社会责任管理

累了大量经验，形成了具有自身特色的可持续驱动型社会责任管理模式。在低碳化、清洁化已成为我国能源工业发展主旋律和硬约束的社会大格局、大背景下，国家能源集团长期形成的经验和模式将引领集团公司构建清洁低碳、安全高效的现代能源体系，实现长期可持续发展。

第二章

融合，可持续驱动型社会责任管理之路

本章导读

面对气候变化、环境安全风险挑战、能源资源约束等日益严峻的全球问题，寻找加快全球能源可持续发展新道路，成为能源企业履行社会责任的核心主题。国家能源集团在社会责任管理和实践中，形成了具有自身特色的社会责任管理模式——可持续驱动型社会责任管理模式。该模式是国家能源集团推进社会责任工作的总体思路，明确了国家能源集团开展社会责任管理的实现方式和工作路径，为公司将社会责任全面融入战略、管理、运营提供了行动指南。

第二章　融合，可持续驱动型社会责任管理之路

第一节　可持续驱动型社会责任管理模式

经过历史的发展，国家能源集团积淀了深厚的社会责任管理基础，在以责任文化推动为特征，以大规模发展清洁可再生能源为重要实践，以及以高层引领、组织化推动为特征，在化石能源清洁化和规模化的融合基础之上形成了可持续驱动型的社会责任管理模式。该模式以建设具有全球竞争力的世界一流能源集团为愿景，以"高层表率、再组织化、责任文化"三种推动力为特征，以可持续方式保障可持续能源供应为目标，以"化石能源清洁化，清洁能源规模化"为落实五大发展理念的核心实践行动（见图2-1）。

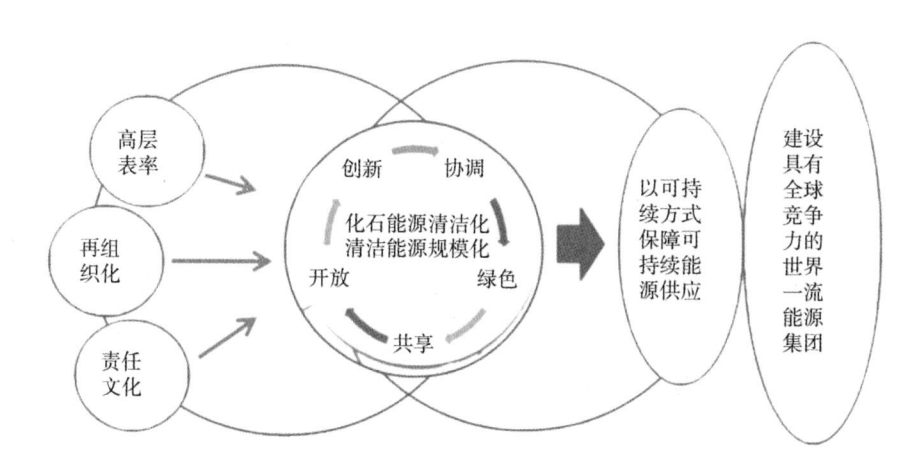

图2-1　国家能源集团可持续驱动型社会责任管理模式

三重力量推动。高层表率是指在党的全面领导下，将社会责任管理

国家能源集团：可持续驱动型社会责任管理

工作纳入董事会决策中，定期研讨管理的重点和难点，高层领导亲自宣讲、带头示范，带动全体员工履行社会责任，在重要场合向外部展示公司 CSR 成果，形成影响力。再组织化推动是指集团重组后，在原有组织化管理的基础上带动子分公司，通过发布社会责任报告、开展 CSR 培训、建立 CSR 管理体系、指标体系、开展利益相关方沟通活动等，形成"决策—管理—执行"三级联动的企业社会责任管理沟通协调机制，推进社会责任工作有序开展。责任文化推动是指国家能源集团从核心、战略、管理三个层面，将社会责任作为价值理念和经营理念，形成了与"天地人"社会责任文化理念为一体的责任文化，使履行社会责任成为员工的思想自觉和行动自觉。

践行"五大发展理念"责任行动。党的十八届五中全会提出"创新、协调、绿色、开放、共享"的新发展理念，这意味着资源与环境约束的日益增强。作为能源型企业，国家能源集团努力探索既可兼顾可持续发展目标、实现企业价值，又可促进经济、环境、社会价值有机统一的解决方案，致力于形成差异化竞争优势，创造新的价值增长点。经过多年努力，国家能源集团确定了将社会责任管理融入企业运营，全面提升企业综合价值创造能力，追求经济、社会和环境的综合价值最大化的价值型管理模式，并践行落实"五大发展理念"的可持续行动。

助力实现世界一流能源集团目标。通过三重力量的推动，国家能源集团有效落实新发展理念，开展"化石能源清洁化，清洁能源规模化"的生产经营，从理念到业务，再到目标管理，都融入了可持续发展的思想，努力实现"建设具有全球竞争力的世界一流能源集团"这一目标，建设世界一流能源集团也是向世界展现企业自身风采的过程，在与利益相关方沟通的过程中验证企业是否真正得到内外部的认可，是否是名副其实的世界一流企业。得到利益相关方认可后，需要积极分享经验，带动行业共同进步。

"高层表率、再组织化、责任文化"这三种力量驱动着国家能源集团把新发展理念转化为可持续的实践行动,即融入业务,以可持续的方式生产经营,践行"化石能源清洁化,清洁能源规模化",最终实现以可持续方式保障可持续能源供应的目标,进而助力公司实现具有全球竞争力的世界一流能源集团的大目标。

第二节 可持续驱动型社会责任管理三重推动力

国家能源集团重组之后,致力于"六个成为":成为习近平新时代中国特色社会主义思想的忠实践行者;成为保障能源供应、维护国家能源安全的"稳定器"和"压舱石";成为推进"一带一路"合作、参与全球能源治理的骨干力量;成为推动能源革命、建设美丽中国的排头兵;成为贯彻新发展理念、推进供给侧结构性改革的主力军;成为落实全面从严治党、坚持和加强党的全面领导的坚定执行者。在"六个成为"的指导下,国家能源集团在重组当年,就将社会责任工作作为集团整体战略的重要内容,在延续原有工作的基础上,以崭新的发展思路推进社会责任工作的不断前进,并且用可持续发展理念指导新集团的未来战略。

一、高层表率推动

国家能源集团始终把以人民为中心的思想落实到企业的经营决策和活动中,坚持以人民群众的利益诉求和期望为中心,以党和国家的根本利益为中心,既要保证企业的利益,又要保证国家的利益和人民群众或者说是利益相关方的根本利益,更好发挥企业综合价值。

国家能源集团高层领导高度重视社会责任工作,亲力亲为,示范带

国家能源集团：可持续驱动型社会责任管理

动各级各部门的社会责任工作顺利展开，保证了各项任务落到实处。特别是主要领导亲自上阵，主抓社会责任战略方针；分管领导加大力度，既是社会责任工作的领导者、组织者，又是社会责任的推动者、践行者，制订并落实社会责任行动计划，组织开展社会责任专项培训、理念宣讲。在集团公司每年的工作会上，董事长、总经理在讲话中都要强调社会责任工作，对于公司社会责任报告进行详细分析并提出有针对性的建议。平时工作中也挤时间检查督导，如赴定点扶贫县了解扶贫进度，看望驻村干部；利用中国神华股份公司香港发布会的机会，专门安排与中国香港利益相关方进行面对面沟通，积极参与国内外、行业内有关社会责任的研讨和交流，分享国家能源集团经验的同时，学习和借鉴社会责任最新理念和最佳实践等。

2020年，面对突如其来的新冠肺炎疫情（以下简称疫情），国家能源集团高层领导带领12.5万名党员、33万名干部职工攻坚克难、砥砺奋进，在大战大考中主动担当作为、践行初心使命，圆满完成疫情防控、能源保供、打好三大攻坚战等多项艰巨任务，生产经营和财务指标均实现较好增长，利润位居央企前列，充分发挥了骨干央企在抗击疫情、复工复产中的带头作用，在稳定产业链供应链中的基础作用。

党建工作是国有企业独特的政治资源，是核心竞争力的有机组成部分。国家能源集团把坚持党的领导、深化党建引领作为构建现代社会责任治理体系的特色标志和显著优势，充分发挥党组织领导核心和政治核心作用，"把方向""管大局""保落实"，推动企业经济价值、环境价值和社会价值有机统一，形成了利益相关方责任治理模式的特色路径。

加强思想建设，不断提升社会责任认识。国家能源集团坚持以党的政治建设为统领，深入学习并贯彻习近平新时代中国特色社会主义思想，及时跟进学习习近平总书记对全面从严治党和健全党对生态文明建设、脱贫攻坚、能源革命、治理体系和治理能力建设等工作做出的一系列重要论述，深思细悟、融会贯通，自觉在思想上、政治上同党中央保持高度一致，从本质上认识和把握党建与社会责任建设工作的内在逻辑一致性，推动社会责任履行从自律走向自觉。

运用党的创新理论，更好地指导社会责任工作做实。国家能源集团坚持将履行社会责任与服务国家战略，保障国计民生，为人民创造美好生活作为履行社会责任的重要内容，贯穿到构建现代社会责任治理体系各领域各方面全过程，在打赢脱贫攻坚、污染防治攻坚战中取得了丰硕成果，在助力构建清洁低碳、安全高效能源体系中贡献了重要力量，彰显了中央企业责任担当。

发挥党员先锋模范作用，不断壮大社会责任人才队伍。国家能源集团社会责任工作坚持"从群众中来，到群众中去""下基层，接地气"，充分发挥广大党员在履行社会责任中的主体作用和先锋模范作用，开展大调研、大培训、大比武，加强调查研究，坚持问计于民、改革创新，切实通过富有成效的党建工作引领和加强社会责任人才队伍建设。

二、再组织化推动

企业履行社会责任离不开自身的可持续发展，企业需要在发展中兼顾当下和长远，在经营中放眼过去和未来，以负责任的方式，实现履行社会责任的可持续。原神华集团以"五型企业"管理目标推进社会责任履行工作，建立了以"五型企业"考核为基础的企业评估模型框架[1]，把履行社会责任纳入企业发展规划和生产经营管理的各个环节，形成了组织体系健全、管理协调到位、整体有序推进的工作机制。

国家能源集团在此基础上，致力于实现公司社会责任工作制度化、常态化、长效化。在集团高层领导的积极支持下，将社会责任工作融入

---

[1] 《神华集团2013年社会责任报告》。

国家能源集团：可持续驱动型社会责任管理

日常运营管理，建立健全形成"决策—管理—执行"三级联动的企业社会责任管理沟通协调机制（见图2-2），创新开展《社会责任工作沟通联动机制实施方案》。社会责任工作的决策层由集团主要领导担任，领导统筹企业社会责任工作，制定社会责任战略及决策，督导社会责任实践与传播。社会责任管理工作管理则由企管法律部和相关业务部门主责，前者负责归口管理、日常工作、编制指标体系与报告；后者则制订规划、落实计划、协调沟通。各子（分）公司由分管领导牵头，将工作归口于管理部门，专门负责党建、改革、环境保护、科技创新、安全生产、员工福祉、社会和谐等工作的计划执行、数据收集、信息报送。三级联动的企业社会责任管理沟通协调机制，有利于集团主责人员随时掌握第一手材料，确保高起步、稳推进、见实效。

图2-2 国家能源集团企业社会责任沟通协调机制[①]

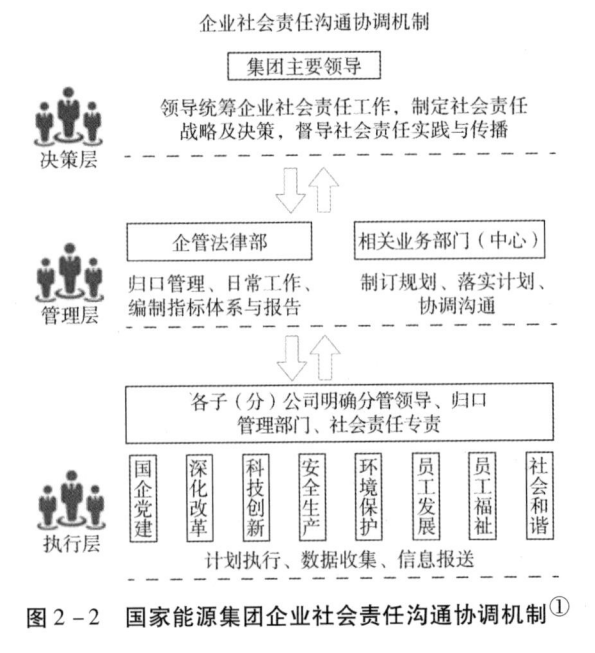

① 图片来源：《国家能源集团2019年社会责任报告》。

2019年，为促进下属子分公司社会责任管理工作的提升，国家能源集团组织开展了社会责任内控评价工作，对公司经营发展过程中应当履行的安全生产、产品质量、环境保护、资源节约、促进就业、员工权益保护等社会责任相关职责和义务情况开展评价工作，及时发现缺陷，进行有效整改，建立起完善的管理闭环。

国家能源集团以强化制度建设为抓手，对集团39家子分公司开展了社会责任督查交流和规范化管理的摸底工作。在此基础上，围绕社会责任报告编制、对外沟通联络，研究制定了一系列制度文件和配套文件，明确了集团新发展阶段社会责任工作的目标和重点任务，初步建立了社会责任推进组织体系和指标体系。

三、责任文化推动

国家能源集团深刻理解履行社会责任的重要意义，牢固树立可持续发展意识，高度重视社会责任工作，不断创新管理理念和工作方式，着力将企业社会责任理念内化于企业文化建设中，将履行社会责任作为价值观念和经营理念，全方位、多层次地融入企业文化，形成了与社会责任理念为一体的企业文化理念体系，使履行社会责任成为员工的思想自觉和行动自觉。

为进一步加强社会责任制度建设，国家能源集团研究起草了《国家能源集团创建履行社会责任典范企业实施方案》，提出塑造一个以"为社会赋能，为经济助力"为主题的责任品牌形象，明确了国家能源集团"天地人"文化的责任文化理念（见图2-3）。

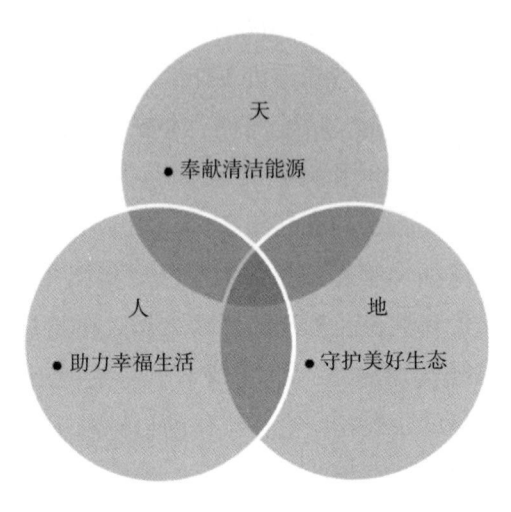

图 2-3 "天地人"文化

"天",聚焦煤炭清洁高效利用、煤电超低排放,以及新能源和可再生能源的开发利用,担当打赢蓝天保卫战的主力军。

"地",致力于煤炭资源的安全清洁高效开采,地表抓好生态保护,地下进行科学开采,建设智慧电站、智能矿山、绿色矿山,促进生态文明。

"人",坚持以人为本,在创造经济价值的同时,更好地回报社会、助力扶贫、奉献爱心、造福人民,努力实现人与自然的和谐共生,发展与美丽共赢。

在未来一段时间内,"天地人"责任文化将引领国家能源集团的社会责任管理向更深层次发展。

第二章 融合，可持续驱动型社会责任管理之路

第三节 以新发展理念指引责任行动践行

在三重力量的推动作用下，国家能源集团的责任理念逐渐升华，驱动着公司以新发展理念开展负责任实践行动，以可持续方式保障可持续能源供应成为目标，以"化石能源清洁化，清洁能源规模化"成为落实五大发展理念的核心实践行动。

一、以可持续方式保障可持续能源供应

能源的可持续包含两方面的含义：一方面是指可持续的能源；另一方面是指能源的可持续利用方式。这直接影响着能源的保障供应。

1. 追求可持续的能源

可持续的能源直接影响着能源的保障供应。可持续的能源也就是可再生能源，是指生态循环中能重复产生的自然资源，它能够循环使用，不断得到补充，是人类取之不尽用之不竭的能源，如水力、潮汐、太阳能辐射、风力等。相对于煤、原油、天然气、油页岩、核能等非再生能源，使用可再生能源有助于生态环境的可持续性[①]。国家能源集团作为全球最大的煤炭生产公司、火力发电公司、风力发电公司和煤制油煤化工公司，是保障国家能源供应、维护国家能源安全的"稳定器"和"压舱石"。"化石能源清洁化，清洁能源规模化"成为国家能源集团保障能源的可持续性的重要举措。

国家能源集团积极响应联合国可持续发展目标。联合国可持续发展目标7（以下简称目标7）为经济适用的清洁能源，是指确保人人获得

---

① 《能源统计知识手册》，国家统计局工交司编，2006年8月。

负担得起的、可靠和可持续的现代能源。"人人享有可持续能源"是呼吁变革和改革的倡议,旨在确保人人享有负担得起的可靠能源。目标 7 是发展进程各个方面的基础,如果我们无法实现能源目标,那么普及优质医疗或教育、实现性别平等、增加就业机会和提高就业率、确保可持续消费或有效应对妨碍实现所有目标的气候变化等目标都极难实现①。

2. 追求能源的可持续利用方式

煤炭开采:从自动化走向智能化。中华人民共和国成立 70 多年来,我国煤矿的开采实现了从普通机械化、综合机械化到自动化的跨越,并开始向智能化迈进。在自动化综采工作面技术工艺上,2018 年 8 月红柳煤矿率先攻破自动化跟机三角煤工艺难题,实现全工作面双向全截深采煤工艺自动化跟机模式,采煤机速度最快达 14 米/分钟。在智能化建设方面,红柳煤矿以建设智慧美丽矿山为抓手,推进煤炭开采与物联网、大数据、人工智能等深度融合,将原煤运输系统原有的逆煤流启动改变为顺煤流启动,实现自动化集中控制"一键启停",2016 年 8 月至今,该项技术累计节约电费 2000 余万元。通过实施自动化、信息化技术改造,取消了部分岗位人员,矿井生产、机电运输等主要系统效率进一步提升,安全保障能力得到新增强,实现了减员提效的目标。

煤制油、煤化工:能源安全供应的重要抓手。国家能源集团煤制油化工产业共有项目 28 个,主要涉及煤制油、煤制烯烃、煤制甲醇、煤焦化、氯碱化工,以及油化品下游产品开发等业务。目前已经建成并运行 4 个大型国家煤化工示范工程。国家能源集团在建设煤制油示范项目中,打破了国外对煤制油化工核心技术的垄断,获得技术专利 200 多项,取得了美国、日本等 9 个国家和地区的专利授权,标志着我国成为全球唯一同时掌握百万吨级煤直接液化和煤间接液化两种煤制油技术的国家。

---

① 蕾切尔·凯特,《"人人享有可持续能源"倡议对推动可持续能源发展的作用》。

发电厂：煤炭清洁高效利用的典范。国家能源集团一直是煤炭清洁利用和煤电机组超低排放的先行者，拥有火电总装机1.9亿千瓦，占全国的15.8%，60万千瓦及以上机组占比63.3%。煤电机组全部实现污染物达标排放，98%的常规煤电机组实现超低排放，设备能效和可靠性持续保持全国领先水平。

新能源电站：探索清洁能源发电新模式。国家能源集团积极探索新型清洁能源发电模式，不断在清洁能源规模化上作文章。经过努力，国家能源集团形成涵盖太阳能、生物质能、潮汐能、地热能等在内的门类齐全的新能源生产体系，其中风电装机4064万千瓦，居世界第一，从根本上提高优质新能源供应能力，更好地保障了新能源的安全供应。潮汐发电试验项目就是国家能源集团在清洁能源发电模式探索过程中的一例。

二、落实五大发展理念实践行动

国家能源集团进一步深化五大发展理念，推动社会责任与企业生产经营的有效融合。

创新发展是"十三五"时期经济结构实现战略性调整的关键驱动因素，是实现"五位一体"总体布局下全面发展的根本支撑和关键动力。国家能源集团坚持科技创新驱动为第一动力，开展了一系列重大技术攻关，引领了世界清洁能源技术的发展。公司400万吨/年煤炭间接液化示范项目打破了煤制油化工核心技术、装备及材料的国外垄断，坚持聚焦低碳、清洁能源领域前瞻性科技创新，独家牵头面向2030"煤炭清洁高效利用"国家重大科技专项，成功主办"2017国际工程科技发展战略高端论坛"，推动清洁能源技术和工程管理不同学科的深度融合。

协调发展是全面建成小康社会之"全面"的重要保证，是提升发展整体效能、推进事业全面进步的有力保障。国家能源集团深入实施供给侧结构性改革，率先完成"去产能"任务，在党的十九大、"G20 杭州峰会""东北冬季供煤短缺等重要会议"和关键时刻，圆满完成国家交办的保空气质量、保电力供应、保温暖过冬等急难险重任务，为服务国家决策、保障改善民生勇挑重担。

绿色发展是实现生产发展、生活富裕、生态良好的文明发展道路的历史选择，是通往人与自然和谐境界的必由之路。国家能源集团深入践行习近平总书记"绿水青山就是金山银山"的理念，担负起节约资源、保护环境的重要责任，做到"黑色煤炭、绿色开采，高碳能源、低碳利用"。坚持开采与环境治理并重，实现煤炭清洁、智能、绿色、安全、高效开采；加快实施绿色发电行动计划，在全国率先开展燃煤电厂"超低排放"建设和改造，超低排放机组占比全国第一；狠抓节能减排不放松，持续加强节能环保升级改造，主要污染物排放指标持续保持行业领先。

开放发展是中国基于改革开放成功经验的历史总结，也是拓展经济发展空间，提升开放型经济发展水平的必然要求。国家能源集团积极响应"一带一路"倡议，与多个国家和地区开展合作交流，涉及页岩气、火电、风电、煤炭、铁路等行业，海外履行社会责任也得到当地政府和民众的好评。

共享发展是社会主义的本质要求，是社会主义制度优越性的集中体现，也是中国共产党坚持全心全意为人民服务根本宗旨的必然选择。国家能源集团坚持将保障员工权益、助力员工成长、提升员工幸福感作为企业履行社会责任的关键一环，让全体员工共享企业发展成果。在精准扶贫、公益慈善等方面的主动作为，促进了企业与地方的和谐，承担援藏、援青、援疆、定点扶贫任务，援助资金、援建项目、派驻干部数位居央企前列。

第四节　助力迈向世界一流能源集团

国家能源集团深入贯彻新发展理念，在三重力量的推动下，助力实现以可持续的方式保障可持续能源供应这一目标，业务的可持续实践行动形成良性循环，最终为推动国家能源集团迈向世界一流能源集团发挥了重要作用。

一流企业要有一流企业的担当。经过多年的建设、发展和积淀，国家能源集团目前已成为全球最大的煤炭供应商、火电运营商、风电运营商和煤制油煤化工品生产商，多项技术经济指标达到世界领先或先进水平，具有创建世界一流示范企业的良好基础。国家能源集团2020年在《财富》世界500强排名108位，下属中国神华、国电电力、龙源电力入选普氏能源250强。

2020年8月18日，在中国煤炭工业协会举行的2020年煤炭行业企业社会责任报告发布会上，国家能源集团获评全国煤炭工业社会责任报告发布优秀企业。国家能源集团在发布会上做了题为《履行社会责任是建设世界一流企业的战略自觉》的典型发言，介绍了集团公司在过去一年中社会责任工作的开展情况，重点从规范经营、安全生产、节能减排、公益慈善、精准扶贫、绿色发展、民生就业以及参与"一带一路"合作等方面，展现新时代煤炭企业履行社会责任所做的卓越贡献；特别是2020年面对突如其来的新冠肺炎疫情，集团公司积极参与疫情防控和复产保供，体现了煤炭人听从指挥、顾全大局、勇于担当、甘于奉献的精神。

第三章

推动，可持续驱动型
　　社会责任之行

本章导读

国家能源集团深入贯彻落实"创新、协调、绿色、开放、共享"五大发展理念，为破解发展难题、厚植发展优势、保障能源稳定供应夯实基础。集团坚持科技创新、多元发展，推行化石能源清洁化、清洁能源规模化、能源产业智能化。全面开展生态环境保护，逐渐摸索出符合企业发展需求和生态文明建设要求的可持续推进之路，是环境正面价值的创造者。统筹利用"两个市场，两种资源"，立足长久价值，以开放包容的观念和以人为本的理念参与社会建设，助力国际能源生产与合作，以"共生"获共赢。

第一节　创新，持续注入发展活力

自"十二五"时期，能源发展就已站到转型变革的新起点，新能源消费比例日益增加，正逐渐成为化石能源的替代品。《能源发展"十三五"规划》特别提到能源发展正在由主要依靠资源投入向创新驱动转变，科技、体制和发展模式创新将进一步推动能源清洁化、智能化发展，培育形成新产业和新业态[1]。过去由于清洁能源与化石能源之间的性质差异，能源生产、运输和使用环节的互补协调存在技术壁垒，且各种类能源耦合的关键技术尚存在不足，清洁能源开发和利用效率难以达到预期。能源企业若顺应时代要求、谋求产业长久发展就面临初期投资大、成本收益周期长的问题，进而阻碍其快速发展。

国家能源集团栖身于全球能源结构重塑、科技革命和产业重构能源产业版图的大变革中，顺势而为，坚持"创新型"战略取向，以提高自主创新能力为核心，以完善科技创新体系为主线，以关键核心技术的自主研发与应用技术的系统集成为重点，逐渐让科技创新跑出了"加速度"。集团聚焦主业、瞄准先进、做精做专，加强清洁能源替代的顶层设计，全面提升科技创新能力，突破能源清洁化技术瓶颈，推动能源体系向清洁化、低碳化方向发展。

一、健全科技创新体系

从社会责任角度理解创新与企业的关系，是企业发动利益相关方参

---

[1] 国家发改委、国家能源局（2017），《能源发展"十三五"规划》。

国家能源集团：可持续驱动型社会责任管理

与到职能管理过程与企业生产运营过程，共同解决企业生产运营过程中涉及的可持续发展问题，最终实现负责任的研发、采购、生产、销售及售后服务，直至实现创新性合作，创造共享价值①。国家能源集团为提升自主创新能力，大力弘扬科学家精神，加强对科技创新工作的研究和部署，稳定长效地投入科技创新，持续探索以企业为主体、市场为导向的创新发展路径，逐步完善科技创新体系，努力实现科技自立自强，以此为企业高质量发展和能源可持续供应注入不竭动力。

国家能源集团加强人才梯队建设，制订实施人才培养引进规划，建设高素质人才队伍，强化协同创新与人才培育，加强产学研用联合创新，形成了"智库+前沿技术研究院+专业研究院+研发平台"的自主研发体系，拥有4家直属研究院、12个国家级研发平台、5个院士工作站、13个博士后工作站、3个协同创新中心②。

国家能源技术经济研究院在集团发展中发挥战略支撑作用和建设高端智库的职责使命，定期发布煤炭、电力、煤制烯烃和新能源年度报告，在电力企业的发展趋势、清洁能源、财经及资本市场等方面进行研究，为集团提供多层次、多元化的信息产品。

北京低碳清洁能源研究院（以下简称低碳院）重点开发低碳清洁能源技术，聚焦于煤的清洁转化利用、煤基功能材料、氢能及利用、水处理、分布式能源、催化技术、先进技术等领域。低碳能源技术创新成为集团业务创造新的增长点，支撑集团的核心业务发展。国家能源集团科学技术研究院也为安全生产、节能减排和科学发展提供技术支撑和服务。

自2016年起，集团先后与华北电力大学、太原理工大学、中科院

---

① 殷格非，《责任竞争力：解码企业可持续发展》。
② 马颖，《国家能源集团召开2020年科技创新大会》。

广州能源所等高校、科研院所成立"智能发电""新能源与环保""煤炭清洁高效利用和应对气候变化"3家协同创新中心，研发团队与国电电力、宁夏煤业、科环集团等对应子分公司在清洁能源开发及利用等方面紧密合作。

二、攻克能源清洁化开发及存储难点

能源技术变革方兴未艾，国家能源集团为保证可持续能源供应，重点围绕十大科技攻关推进核心技术突破，特别在煤炭安全高效绿色开采、煤炭清洁高效发电、储能技术、污染物防治等领域，取得了一批科技成果，处于行业领先地位。

坚持环保研发，践行环保使命。在环保从点源治理转向面源控制的大趋势下，国家能源集团组建科技环保产业中心，谋求核心技术突破，促进传统产业全面转型升级。集团强化资源保障，持续投入节能环保技改专项资金，加快推进重大技术研发和集中攻关，积极培育科技环保产业。集团相继掌握高效无水湿式电除尘、烟气污染物脱除技术，高效脱硫、脱硝、除尘技术、低浓度煤矿瓦斯发电、电厂废水"零排放"技术、锅炉综合节能环保改造、CIGS薄膜光伏技术等核心技术。龙源环保的"总理基金"项目编制了大型燃煤电站烟气污染物排放测试体系，还建立并完善了燃煤电厂烟气测试方法、监测方案、试验体系等，填补了国内相关领域的空白。该项目于2020年7月顺利通过验收，研究成果得到国家生态环境部、国家大气攻关中心的认可，为京津冀及周边地区秋冬季大气污染防治工作提供了有利的科技支撑。集团绿色环保技术的相继突破，既保障了污染物排放远低于国家水平，又降低了企业的投资运营成本。

强化自主创新，煤炭开采更清洁、安全、高效。随着煤矿开采持续深入，开采难度和开采成本也随之增加，煤矿安全成为制约煤炭资源长

国家能源集团：可持续驱动型社会责任管理

久稳定开发的关键。国家能源集团在智慧开采及绿色环保建设方面都处于世界领先水平，宁煤集团的红柳煤矿，早已实现了从普通机械化、综合机械化到自动化的跨越。地面原煤仓、皮带栈桥、产品仓、装车塔等设备使用确保采煤过程安全干净，甚至实现"采煤不见煤"。再譬如在汝箕沟矿、白芨沟矿和大峰矿整合后持续加强安全管理力度和技改力度，矿区成功蜕变为现代化矿区，解决了瓦斯困扰、开采量和利用率逐年降低的难题，还使开采年限至少延长了8年。又如神东煤炭让科技创新成为高质量发展的动力源，满足高产高效综采工作面快速推进的要求，实现煤炭清洁高效回收、安全开采。神东煤炭借助高端设备研发中心的自主研发能力成功研发打造世界首个8.8米超大采高智能综采工作面；成功实现薄煤层工作面采煤机自主智能割煤；成功投用世界首套纯水液压支架；成功落成高产高效工作面沿空留巷成套技术等。一系列重大项目和关键技术取得重大突破，不但让现有顺槽煤柱回收率提升超过90%，压缩了生产成本，还大幅提高了留巷速度，实现了煤炭安全高效回收开采技术的重大突破。

拓宽先进技术应用范围，节约火力发电成本。随着中国先进制造业的不断发展，技术更新换代进程日益加快，拓宽先进技术的应用范围既能够提高企业的生产能力，又有利于企业在安全、节能等方面取得更为优异的表现。例如，国家能源集团科环集团主导的高水分褐煤等离子体无油点火及稳燃技术的成功应用，首次实现原煤水分介于36%～40%之间的高水分褐煤等离子体无油点火。这次离子体无油点火及稳燃技术的应用不但大幅提升点火效能，使点火过程更稳定可靠，还在电厂机组单次启动过程中节约燃油近百吨，直接节约经济成本70余万元。

生产环节，利用二氧化碳捕集封存与利用技术（CCUS）对燃煤电厂进行低碳化和绿色化改造。国家能源集团是中国较早开展CCUS工业示范的企业，也是国内CCUS行业的领军企业。依托自主研发机构——

北京低碳清洁能源研究院，集团先后参与亚洲最大规模、国内首个全流程一体化 CO_2 封存项目——鄂尔多斯盆地深部咸水层 CO_2 封存项目，建成天津东北郊电厂 CCS 中试平台和江油电厂先进 CO_2 捕集测试与开发平台。仅以原神华燃煤电厂 72720 兆瓦机组中超过 60% 的机组具有实施 CCUS 改造为例，每年可实现减排 CO_2 约 5100 万吨。CCUS 技术的广泛应用为集团实现 2025 年前碳达峰创造了条件。

高安全、低成本、长寿命的储能技术创新。低碳院以钒化学体系为基础开发出新一代液流电池。液流电池技术的功率密度、循环寿命、电流密度、能量效率等方面均处于业内一流水平，显著降低建设和使用成本，可更安全、更高效、更智慧、更经济地适用于多种储能场景。该技术得到行业的认可和肯定，荣获"2020 年度中国储能产业最佳前沿储能技术创新奖"。

三、突破企业运营天花板

以智能化为特征的能源生产消费新模式反向促进中国能源系统逐步智能化，建设"互联网＋"智慧能源已成为推动能源可持续发展的重要抓手。近年来，国家能源集团秉持"数字驱动转型发展、智慧引领国家能源"的理念，将智慧化发展方向融入企业发展战略，全面启动智慧项目建设，力争开辟能源革新新境界。移动互联网、大数据、云计算等信息技术应用，逐步突破生产经营瓶颈。以技术强化多元化生产经营，推动产业链提质增效，促进生产运营绿色高效，让集团发展稳中向好。

集团层面，抢占新一代能源电力企业信息技术制高点，形成增长新动力，促进企业高质量发展，践行投资者、国家和社会所赋予的经济责任。在万物互联、数据处理高效的时代，推进新一代信息技术基础设施在能源行业应用以实现万物互联，成为赋能企业数字化发展的新机遇。

国家能源集团：可持续驱动型社会责任管理

国家能源集团积极响应国家"加快推进新型基础设施建设"的号召，大力推进万物互联在能源行业的应用。统一核心业务操作规范，加强业务集中管控，搭建可实现业务数据的汇聚共享和支撑业务决策分析的全新一体化集中管控系统 ERP 系统，覆盖 96 家子分公司、1073 家法人单位，涵盖人力资源管理、财务管理、物资管理、燃料及销售管理、设备管理、项目管理六大业务模块。该智能系统对企业内部核心模块进行管理，为企业提供决策参考，提高集团管理各环节的工作效率，减少成本浪费。

煤炭产业智能化实现生产效率和安全保障的双提升。国家能源集团与中国煤炭科工集团联合组建煤矿智能化协同创新中心，解决公司智能化建设的现实需求和技术难题，带动和支撑全国煤矿智能化、高效化发展。经历了机械化示范，自动化、数字化迭代，集团积累了较为丰富的煤炭智能化技术经验，包括建设 25 个智能综采面、5 个智能掘进面、3 个智能洗煤厂，应用 21 种煤矿机器人，实现 100 吨、200 吨、300 吨级无人卡车编组载重运行全覆盖。在灾害严重煤矿智能通风、精准预警起步建设等方面有重大突破。机器人在安全巡检领域在更短时间内获得更精准的判断，采煤作业井下人海战术也变为智能化采煤、无人跟机作业、少人安全值守，有效降低劳动强度，让安全生产更具保障。集团成功打造了一批标杆示范工程，9 座煤矿入选国家示范智能化煤矿。

化工产业，发布智慧化工发展规划，推进生产装置的先进控制和装备智能化升级改造。宁煤智能工厂项目烯烃裂解装置双烯收率和能源综合利用率大幅提升。智慧化技术助力集团公司一体化产业链多项运营指标屡创新高，主要生产指标连年实现正增长。

电力产业破解智慧化核心技术受制于人的困境，打通智慧技术应用边界。集团下属北仑电厂技术人员刻苦钻研、大胆创新，将 1000 兆瓦机组 DEH 控制系统由进口设备改为集团所属国电智深公司 EDPF－NT＋系统，不仅在电力重大装备国产化取得重大突破，而且也为特大型火电厂核心技术实现国产化、自主化和智慧化夯实基础。集团还突破关键电力装备技术瓶颈，如 ICS 装备制造的国产化与自主化，让"智能发电运行控制系统"在国内首次成功应用及推广。下属国电电力联手科环集团成立"物联网智能设备智慧电厂联合创新实验室"，共同推进物联网、智能产品与"智慧电厂"深度融合，打通边缘物联感知、网络覆盖、一体化数据分析的业务应用。这些技术的成功应用逐步实现了电力系统无人巡检、无人操作和智慧运行等目标，提高了企业安全系数。

> **案例：东胜热电公司"5G + 智慧火电厂"——燃煤发电新模式**
>
> 　　国家能源集团下属国电电力抓住了产业数字化、数字产业化赋予的机遇，深耕智慧电厂前沿科学技术的深度开发。2020 年年初，在内蒙古东胜热电有限公司建成国内火电首个物联发电 5G 宏基站。该工程将 5G 网络融入电站工业控制系统，发挥 5G 大带宽、低时延、大连接、抗干扰的特性，使物联网在火力发电厂复杂环境下依然无死角、全覆盖。该工程标志着发电厂智慧管控、智能运行、智能安全监控、智能分析与远程诊断综合能力的全面提升，是面向未来的智慧燃煤发电创新管理运营模式的典型范例。

　　运输产业，互联互通和智慧协同提升国家能源集团煤电路港航一体化模式运营水平。集团与中企云商签署战略合作协议，结成深度战略合作伙伴关系，通过对接信息系统，交互平台数据，共享物流资源，共同为核心客户提供绿色环保"门到门、一体化"供应链解决方案。合作研究多功能"联运＋互联网"组合、"驮背运输"干线、新能源卡车短途接驳等方式，最大限度地提升多式联运周转效率，共创智慧物流新生态。成功下线并投入运营的全球最大功率"神 24"电力机车已实现铁路货车"状态修"、智能调度、精准监测的系统集成,黄骅港实现翻、堆、取、装全流程作业智能化,目前运输组织管理更为流畅,铁路通道能力也明显提升。运输产业智能化、运力配置优化、集疏运系统搭建,推动了智能运输组织与调度指挥体系的有效融合和运输产业集约的高效建设。

第二节 协调,优化能源产业布局

习近平总书记在 2020 气候雄心峰会宣布:"到 2030 年,中国单位国内生产总值二氧化碳排放将比 2005 年下降 65% 以上,非化石能源占一次能源消费比重将达到 25% 左右,森林蓄积量将比 2005 年增加 60 亿立方米,风电、太阳能发电总装机容量将达到 12 亿千瓦以上。"[①] 这是中国推动清洁能源发展、减缓气候变化的庄严承诺。

在高碳能源需求长期平稳、众多环境问题日益凸显的背景下,如何整合资源、谋划未来,突破发展围城,是国家能源集团建设具有全球竞争力的世界一流企业的挑战和机遇。作为全球最大的煤基能源企业,在能源煤炭电力行业清洁低碳加速转型进程中,集团准确把握国家重大战略安排和阶段性目标,顺应能源变革的历史进程和发展规律,调整产业布局,延伸煤基产业链,激发一体化协同优势,坚持按照煤电一体、港电一体、路电一体和点线面相结合的原则布局电厂。重点发展煤制油煤化工,扩大清洁能源来源,多措并举构建清洁低碳、安全高效的能源体系。

---

① 《习近平在气候雄心峰会上的讲话(全文)》,新华网。

第三章 推动，可持续驱动型社会责任之行

一、延伸煤基产业链

党的十九大以后，国有企业从要素驱动转向创新驱动，从追求规模、速度升级转变为追求高品质、高附加值、高效率发展。但由于中国现有能源体系规模巨大，完全转变为清洁能源将耗时巨长，能源结构低碳化改良成为中期内减缓气候变化的重要出路之一。国家能源集团率先发力探索化石能源低碳减量先进技术，经过多年化石能源清洁化研发，在该领域有了深厚积淀，逐渐摸索出一条独树一帜的煤炭清洁利用路径，将助力保障国家能源战略安全。特别在化工产业方面，航空、航天和煤制油精细化学品、煤基新材料等高端煤基产品开发方面取得长足进展。将煤炭转化成油品，不仅会减少对环境的污染，还能大幅度提高煤炭的附加值。

建设煤制油项目，创新煤炭清洁化利用新思路，拓宽油品供给渠道，促进煤炭清洁高效转化，为企业创造新的盈利点。煤基清洁转化技术主要包括煤制油、煤制天然气、煤制烯烃、煤制乙二醇、大型煤制醇醚等技术，是解决煤炭产能的过剩、实现煤炭清洁高效转化的有效路径。国家能源集团基于中国"缺油、少气、富煤"的自然禀赋，顺应国家中长期发展战略，相继建成28个大型煤制油项目。

国家能源集团化工公司在国内率先突破煤直接液化工艺和煤间接液化工艺的产品融合，完成煤直接液化柴油和煤间接液化柴油的工业化调和，有效拓宽煤基油品销售市场，提升经营效益。

神华宁煤集团煤制油工厂是全球单套装置规模最大的煤制油项目之一，年产400万吨油品，就地转化煤炭达2046万吨，被国家能源局列入煤炭安全绿色开发、清洁高效利用先进技术与装备推荐目录。神华宁煤集团还不断优化产品结构，开发费托重质蜡、精制蜡等新产品，使产品多样化，让煤制油项目成为神华宁煤的重要盈利点。

国家能源集团榆林能源化工有限公司则建成了全球首套5万吨/年聚乙醇酸示范项目，延伸了煤制油产业链。万吨级聚乙醇酸（PGA）项目是一种具有良好生物降解和生物相容性的合成高分子材料，使用后会逐渐降解，最终变成对人体、动植物和自然环境无害的水和二氧化碳。该项目的建成实现了中国可降解塑料领域零的突破，对助力中国市场逐步摆脱相关领域进口依赖有重要意义[①]。

二、扩大清洁能源来源

2014年国务院办公厅发布的《能源发展战略行动计划2014—2020年》提出"着力发展清洁能源，推进能源绿色发展，着力推动科技进步，切实提高能源产业核心竞争力"。党的十九大报告中指出，发展清洁能源是改善能源结构、保障能源安全、推进生态文明建设的重要任务。

在合并重组之前，原国电集团就已布局清洁能源长达十余年。国家能源集团通过科技创新，大力发展清洁能源，成为能源企业转型的急先锋，为行业规模化探索出转型新模式和新业态。经过多年探索，国家能源集团加速推进多电源品种间协同与耦合工作，清洁和可再生能源装机比例不断提升。截至2020年，新能源板块形成涵盖风能、太阳能、生物质能、潮汐能、地热能在内的门类齐全的新能源产业体系。2020年，国家能源集团又提出"新能源500万+"行动实施计划，公司清洁能源产业更具规模化，产业协同优势的内涵和价值显著拓展。

全球第一的风电产业。国家能源集团建成了风电开发运营全过程技术支撑体系，其风电装机在2020年高达4064万千瓦，居世界第一，其

---

① 《全球首套！总投资约10亿的国家能源集团神华榆林5万吨/年聚乙醇酸（PGA）示范项目开工》，中国化工报。

中 89 家风电场在中国电力企业联合会 2019 年电力行业风电运行指标对标结果中获评"优胜风电场"。国家能源集团龙源振华公司自主研发建成了自升式海上风电施工平台——"龙源振华叁号"，在江苏如东连片开发建成亚洲最大海上风电场，装机容量 48.2 万千瓦。安徽龙源来安风电场是中国首个大型低风速示范风电场，装机容量 24.75 万千瓦。其大叶片技术升级使内陆地区低风速资源得到充分开发利用，拓展了风电发展空间。国家能源集团还在云南省、贵州省、西藏自治区等地区建设了一批海拔 3000 米以上的高海拔风电场，其中西藏自治区那曲风电场海拔 4700 米，为世界海拔最高风电场。

持续投入的光伏产业。国家能源集团将光伏产业发展目标纳入集团"十四五"发展规划，组织专业团队推进光伏发电项目开发和建设工作，加大政策支持和资金保障力度，持续提升光伏装机规模在集团电力总装机中的占比。仅 2020 年，国电电力新能源储备容量已超 11 吉瓦。集团还确定了沙漠、戈壁等集中式光伏发电基地建设；发展煤矿沉陷区、复垦区光伏项目；推动"水光互补"光伏项目；发展分布式光伏项目；开发复合式光伏发电项目；扩大海外光伏项目投资的光伏产业实施路径。在 2020 年，国家能源集团已与内蒙古自治区、福建省等多地签署达 15 吉瓦的光伏项目。集团将 CIGS 薄膜太阳能发电产业作为清洁能源发展战略的重要方向，统筹 CIGS 薄膜太阳能发电技术研发、装备制造、组件生产、大规模地面电站建设、建筑节能一体化与光伏发电（BIPV）五个领域，形成"五位一体"总体布局。应用该光伏组件制作建筑幕墙现已顺利投用发电，创新地使城市建筑从能源消耗者转变为能源生产者。

国内前沿的水电开发。国家能源集团水电建设、运营管理水平均位居国内前列，拥有水电资源总量约 5000 万千瓦，已投产装机 1861 万千瓦，水电站 152 座、机组 438 台。大渡河流域梯级电站的开发，先后攻克了深厚地质覆盖层、高烈度地震带建坝等多项技术难题，工程建设水平位居行业前列，使在相对恶劣的自然环境开发水电工程变为可能。

国内最大的潮汐发电站。龙源电力温岭江厦潮汐试验电站是目前我国最大的潮汐能发电站，在世界上位列第四位。其中江厦潮汐试验电站1号机组进行了增效扩容改造，具有正反向发电、泵水、泄水"六工况"运行功能，成为世界首例在役运行的全功能三叶片灯泡贯流潮汐发电机组，填补了中国潮汐发电机组类型上的一项空白，巩固了中国在灯泡贯流式潮汐发电技术的领先地位。

牵头发展氢能源及燃料电池产业。国家能源集团正加快布局从制氢到加氢站的氢能利用全产业链建设，并参与氢燃料电池的研制与开发，已牵头成立"中国氢能源及燃料电池产业创新战略联盟"。集团在氢能源产业有着得天独厚的优势，其煤化工板块年产量已超过400万吨氢气，已具备供应4000万辆燃料电池乘用车的制氢能力，排名世界第一。另外，在张北等距负荷中心较近区域开发"风光储氢"项目，参股武汉中极氢能源发展公司，在广东省、四川省、福建省等地稳妥推进多能绿色制氢和加氢站项目，持续发力战略性新兴能源。

第三节 绿色，加强生态环境保护

"绿水青山就是金山银山""山水林田湖草是生命共同体""人与自然和谐共生"等理念深入人心。政策和法律约束给能源企业生态环保提出了更高要求。企业处于自然和多利益相关方的复合经济系统中，在"环境主义""环境伦理""绿色贸易壁垒"等多重压力下，打造环境竞争力、降低环境风险，是企业实现高质量发展的有效手段之一。

国家能源集团产业点多线长面广，煤炭、电力、化工、运输等主营业务的生态环境保护工作是国家重点监管领域和社会各利益相关方的关注热点，一直处于高压态势之下。集团公司发挥央企示范引领作用，勇于承担必要的环境责任和社会责任，追求综合价值最大化，做环境正面价值的创造者。为满足外部利益相关者的合理期望，将复杂环境压力转化为新的竞争力，集团深刻领悟生态环境保护重要性，把绿色发展理念融入战略，将生态环境保护贯穿于企业从研发到回收利用的全生命周期的生产建设运营中，坚持走科技含量高、资源消耗低、生态保护好的绿色低碳循环发展之路。在企业经营中，坚守生态保护红线、严守环境质量底线，扎实筑牢生态环境保护屏障，让企业可持续发展水平步入新阶段。国家能源集团面对环境压力并没有"被动妥协"，而是选择环境友好的"智慧变革"，以可持续的方式保障能源安全稳定供应。

一、强化污染防控治理

利益相关方通常不甘承受"以我为壑"的污染成本，便会衍生出对污染严重项目的集体抵制。企业此时开展补偿或生态修复工作，即支出"环境影响成本"，就会产生能源开发的"外部不经济性"[1]，对企业的经济效益造成负面影响，全生命周期的污染防控与治理是摆脱该困境的有效途径之一。

国家能源集团抓重点、补短板、强弱项，坚决打好污染防治攻坚战，将"顺应自然、保护生态的绿色发展新路"视为企业高质量发展的重中之重。集团加快推进依法合规进度，以技术创新为先导，以生态保护为目标，以高效利用为根本，坚定不移走以生态优先、绿色发展为导向的高质量发展路径。2019年，集团印发污染防治行动计划，从打

---

[1] 莫神星，张平，《论绿色发展视域下能源企业的生态环境责任》。

赢蓝天、碧水、净土三大保卫战方面对污染防治行动进行规划，并根据不同产业板块特点，布置重点任务和具体指标、具体路线。同年，整合升级生态环境统计监测系统累计接入 646 个排污口数据，基本实现全产业重点污染源全覆盖。在打造绿色矿山、绿色电厂、绿色运输、绿色化工等方面取得了卓越成效。集团所属龙源环保公司拥有环境工程大气污染防治专项甲级和环境工程固体废弃物处理处置专项甲级等资质，可为大气、水、固体废弃物等污染领域提供"一站式"服务。企业在追求与自然和谐共生的同时实现企业经营发展曲线向上、污染物排放曲线持续下降。

1. 固体废弃物综合处置

国家能源集团强化固体废弃物和危险废弃物处置流程，成功申报"固废资源化"国家重点专项 2019 年度项目，"废弃矿井煤及可再生能源开发利用战略"等课题研究稳步推进，在大宗固废资源综合利用领域有诸多实践。

源头减少固体废弃物产生。国家能源集团低碳院开发新一代煤间接液化技术，开发高抗磨费托合成催化剂，提高煤炭资源使用效率，从源头减少固废产生。

固体废弃物综合利用，减少环境污染。低碳院运用绿色、温和的"人工活化"手段，将粉煤灰转化成了高品质的土壤调理剂产品"硅肥"，妥善解决了业内关注的煤粉重金属污染问题。这一转化让煤粉成为能源电力产业附加产品，利于农业绿色发展。所属泰州电厂开发利用煤炭燃烧后产生的废弃物，生产活动副产品粉煤灰、渣、石膏大量用于道路、高铁、桥梁及市政建设，综合利用率达到 100%。神东煤炭每年将洗选矸石通过电厂发电、烧制岩石砖和填沟造地的方式实现综合利用。

防治运输环节煤尘污染。新朔铁路按照《煤炭运输抑尘管理办法》，对各装车点抑尘剂喷洒情况进行监督管理，确保各装车点按要求喷洒抑尘剂。深入推进煤台环保改造，在装车点架设防尘网、使用喷淋设备增加煤炭含水量，利用洒水车对装车作业点进行洒水除尘，减少空气中的煤尘。提高封堵车门缝隙标准，使用泡沫胶等密封性更好的新型材料进行封堵，防止煤炭撒漏，有效遏制煤尘对空气的污染。

2. 废水减排与净化

能源企业在开采和生产过程中产生的工业废水危害性较大，若未经处理直接排入自然水体，会产生破坏性及累积性的生物病变，并沿食物链传递最终威胁人类生命健康。国家能源集团将节水与治污并重，落实水源地保护、长江保护修复、渤海综合治理等要求，通过废水分质分类处理和水资源综合利用，推动一水多用、梯级利用。

污水集中处置与达标排放。 神朔铁路公司污水处理厂采用国内领先技术 MBR 膜式处理工艺，有效减少了站区自排系统污水中的化学需氧量，使处理后的生活污水达到中水水质标准，按国家Ⅰ级排放标准可直接排放，减少了对区域水域生态的负面影响。

废水零排放与资源化处理技术。 集团拥有燃煤电厂脱硫废水、高矿化度矿井水和煤化工废水零排放处理等特色集成工艺，明显提高废水中无机盐资源化率，同时实现废水零排放处理和水处理系统的投资和运行成本有效下降。科环集团朗新明公司研发成功电厂废水"零排放"技术，现已在汉川电厂脱硫废水深度处理项目中应用，是国内第一个火电厂百万机组脱硫废水零排放工程。宁夏煤业则采用晒盐场蒸发工艺，实现工业废水"近零排放"。

矿井废水深度处理。 集团旗下"煤炭开采水资源保护与利用"国家重点实验室的建设，促进了矿区一水多用、梯级利用，提高了废水处理和水资源综合利用率。集团旗下36家煤矿企业上榜全国绿色矿山名录公告，石圪台煤矿集合了井下采空区过滤净化系统、污水处理厂、矿井水深度处理厂的三级处理系统,实现了污水有效地分质分类处理与利用,达到利用率100%。榆家梁煤矿则在井下废弃硐室修建水净化处理站,矿井水进入52煤采空区沉淀后,经过净化处理,分别达到给水、排水、消防、洒水等相关用水标准的要求,再回用于生产系统,用作井下生产和消防用水,甚至被抽排至地面净水厂,转化为地面生活用水,最终实现处理率、回用率100%。大柳塔煤矿建成了国内首座煤矿分布式地下水库,利用采空区的自然净化功能实现井下水的循环复用,填补了国内外煤炭行业在矿井水资源利用技术方面的空白。

3. 废气综合治理

对于生产运营环节产生的有组织排放废气,国家能源集团专门安装收集装置,经处理达标后排放。集团还关注无组织废气污染源的监控,避免存在跑、冒、滴、漏的现象;对于废气中的可利用、可收集成分,通过开发捕获等技术,减少环境影响的同时创造附加价值。最终实现运煤电机组全部超低排放。

大气污染物超低排放。集团以技术创新为切入点,启动煤炭清洁高效利用等重大项目,现有"燃煤电站超低排放控制技术"在超高硫煤同类机组中排放最低。截至2020年,集团超临界、超超临界机组占比高达61.2%,污染物排放浓度在脱硫、脱硝、低氮燃烧及高效除尘器后,达到超净排放标准。泰州电厂的二次再热超超临界燃煤发电机组,是发电煤耗、发电效率、环保指标的"世界最优",已实现污染物近零排放。湖北青山热电公司自2010年逐步淘汰了脱硫效率不高的干法脱硫工艺,投运石灰石湿法脱硫,SO_2排放值从原来的400mg/Nm^3降低到现在的35mg/Nm^3,达到了超低排放标准。公司注重环保设备上提效技改,增设吸收塔实现双塔运行,增加电场除尘和湿式电除尘器等,实现外排指标超低排放。集团现有煤电机组100%实现脱硫脱硝。

大气污染物智能化治理。国电电力将智能技术融入大气污染物防治流程中，实现污染源智能监测全覆盖。同时利用"燃煤电站多污染物协同控制技术与资源化技术及装备"和"超低 NOx 排放煤粉燃烧技术"开展大气污染物协同治理。全负荷脱硝技术和精准喷氨控制的推广应用，有效跟踪低温催化剂的应用进展，显著改善大气污染物排放情况。

4. 减少对生态环境的扰动

国家能源集团在生态环境保护环节，立足长远，做多做实保护环境、治山理水工作，改变粗放发展模式，减少对生态环境的破坏。

削弱矿区开采对环境的扰动。集团先后制定绿色开发矿区标准、生态环境治理恢复规划及方案制订，健全质量管理体系，推进土地复垦、植被恢复、塌陷区综合治理。在矿区开发中，统筹推进产业发展与环境保护工作，开采前对生态原貌进行准确测量存档，开采中对环境再造提升，开采后开展评估总结，探索出一条自主创新的绿色矿山建设道路。准能集团在黑岱沟露天煤矿和哈尔乌素露天煤矿两个相邻露天矿运用相邻露天矿"Z"型追踪协调开采、陡帮开采、煤层顶底板残煤回收、抛掷爆破倾斜炮孔欠深等技术，不仅实现了最大限度的资源回收和利用，还极大降低了煤炭生产对环境的污染，削弱露天矿开采的负向扰动效应。国神公司沙吉海煤矿则与当地市政建设公司签订生活垃圾清运协议，消除矿区临时存放垃圾造成二次污染的潜在隐患，以实际行动保护矿区生态。

优化设计方案，源头减少受干扰面积。国家能源集团宁波风电公司在风电项目设计施工之初，便将"绿色基因"融入其中。在规划建筑伊始便通过一处处的勘测对比，一次次优化设计方案，结合山体形状和等高线，借用运输道路和周边地形地貌，缩小机位面积，直接减少受影响土地 50 余亩。

绿色港区管理，整体优化港区生态发展环境。下属黄骅港务公司高度重视环境保护工作，加大环境保护投入、制订全港煤尘治理项目实施方案，通过建设人工湿地及工业旅游绿色观光通道等手段对千吨煤炭码头功能进行转型改造，打造了沧州唯一的国家3A级工业旅游景区，被《中国水运报》评为"中国最美港口"。

二、提高资源能源利用效率

能源型企业作为资源密集型企业，高度依赖自然资源。近年，"全面提高资源利用效率"等议题成为企业响应国家号召、践行可持续发展重大战略的焦点。企业自觉开展绿色生产、绿色运营，有助于传播绿色理念，有利于企业树立良好的环境誉商形象，最终获得社会的责任认同、消费认同、价值认同、品牌认同。

国家能源集团深入贯彻落实党的十九届五中全会对生态文明建设提出的要求，坚持践行"两山"理论，以绿色环保为己任，扎实资源管理、营造节约氛围、根植环保理念，以技术为支撑全面提升集团资源利用效率。2019年，投入节能环保改造资金84亿元，实现煤电、煤制油化工工艺等技术设备改造升级。2020年，进一步深化节能降耗工作的责任感和紧迫感，加大节能治理力度，因地制宜采用各项节能技术，在火电改造升级、伴生资源利用、废弃物资源化等方面取得明显实效。

绿色运营。集团将节约理念融入企业的日常经营，提高企业运作的资源利用率。积极倡导绿色办公，推行电子化办公及视频会议系统建设，张贴节水节电标识等，引导广大员工从点滴小事做起，形成简约适度、绿色低碳的生产生活方式，使员工将节约理念内化于心、外化于行。

煤炭共伴生资源多元、梯级与高附加值利用。旗下准能集团发挥准格尔煤田"高铝、富镓"煤资源优势，遵循"减量化、再利用、资源化"的原则，利用在煤矿中常伴生有工业价值的矿产元素，建设氧化铝循环经济产业项目。该项目打造了"煤—煤矸石发电—粉煤灰提取氧化铝—电解铝—铝型材、镓、硅等系列产品"一体化循环经济产业链，对煤中伴生的铝、镓等资源进行多元、梯级与高附加值利用，将一个产业的排弃物转化为另一个产业的原料，实现煤炭资源的"吃干榨尽"。再如，集团下属低碳院创新性地以煤直接液化沥青为原料，制备出性能优异的锂离子电池负极材料，用于储能系统。这一突破不但实现煤化工固废原料的高效利用，还推动了储能技术规模化发展，大幅降低系统度电成本。

煤粉灰回收再利用。宁东能源化工基地各产业项目不断发展壮大，大量产生的粉煤灰、脱硫石膏、炉渣等工业固体废物对宁东地区环境造成威胁。为此，宁夏煤业煤制油化工公管分公司统一管理来自整个宁东片区的工业废渣并利用粉煤灰制作砖、路基、陶粒等副产品，工业固体废物资源得到了有效利用。

危爆品回收利用。铁路装备公司榆林分公司为减少车辆配件除锈、喷漆作业中产生的粉尘、油漆碎屑有发生危爆的危险，特研发装备了"固体抛丸回收装置"，可实现抛丸废料自动化回收。经过磁选、除尘、筛分等流程，金属抛丸废料被分离、提纯、回收。该公司每年过滤筛选固体危险抛丸废料300多吨，回收利用的各类钢丸约120吨，年均综合经济效益高达300余万元，节约成本的同时让危险爆炸物品成为环保低碳的有用资源。

生活垃圾资源化。国家能源集团采用垃圾焚烧技术，解决城市生活垃圾日产量迅速增加的问题。龙源技术公司的垃圾耦合燃煤电站发电技术利用火力发电机组锅炉燃烧产生的高温烟气或高温热风实现垃圾的高温热解气化。热解后残渣经过等离子熔融炉高温熔融作用变为无毒害的玻璃体输送至电站锅炉继续燃烧，二噁英等污染物也在炉内高温作用下消除，其余污染物则通过电厂完备的污染物脱除系统脱除。垃圾耦合燃煤电站发电技术的应用既使垃圾资源化更高效，又解决了城市生活垃圾污染问题，为城市垃圾处理提供了模式范本。

创新浓盐水综合循环利用方式。集团下属国华电力沧东电厂投资建了四台海水淡化设备，在每年 2—7 月以不连续输送方式向沧海文化园景区供应日均 3 万吨浓盐水。使用后的景观水再由制盐单位抽取至盐场作为提炼盐化工产品的原料，进而形成一条海水淡化浓盐水再利用的循环经济产业链。浓盐水的引入有效实现盐水梯级利用，并推动海水淡化产业和文旅产业、制盐化工等经济发展，利于实现多方共赢。

节能升级改造，提高能源利用率。国家能源集团在 2020 年重点实施火电产业优化升级，对现有火电机组实施多维度技术改造，降低机组煤耗、水耗，优化机组性能。如邯郸发电公司对 11 号机组低压缸进行切除改造，在采暖季减少低压缸进汽，仅保留少量冷却蒸汽，增加输送到热网加热器的蒸汽量，进而达到减少冷源损失的目的，发电煤耗降低约 25 克/千瓦·时。

三、生态修复及绿色开发

2015 年中共中央、国务院印发的《生态文明体制改革总体方案》树立了"山水林田湖草"是一个生命共同体的理念，强调要按照生态系统的整体性、系统性及其内在规律，进行整体保护、系统修复、综合治理。但是长期大范围矿产资源开发却使得生态环境脆弱、污染问题日益突出。企业作为生态文明建设的主角和行动者之一，必须了解自然、了解生态，基于生态环境基础践行企业社会责任。

国家能源集团一直以来高度重视生态环保工作，积极推动绿色开发矿区标准、生态环境治理恢复规划及方案制订，推进土地复垦、植被恢复、塌陷区综合治理，加速小水电关停和生态流量泄放整改。仅贺兰山汝箕沟矿区就先后投入 10933.67 万元用于 896.2 公顷（1 公顷 = 10000

平方米）生态环境建设。集团还健全绿色矿山建设机构，建立绿色矿山管理和监督检查机制、绿色矿山标准体系，要求涉煤子分公司建立推进达标、定期自评、达标保持的工作机制，确保矿区绿色开发有序进行，最小化企业发展对环境的负面影响。

综合修复技术，改善矿区的生态环境。集团在酷寒草原露天矿区资源环境协调开发方面取得了重大突破，成功研发生态减损型露天开采、地貌重塑和含水层再造、水土植被三要素系统修复一体化关键技术，对维护北方生态安全屏障具有重大意义。准能集团的露天矿排土场生物综合修复项目利用微生物和有机培肥相结合的技术改良土壤，生态修复效果更具主动性和适应性。在露天排土场建立起有机生物综合修复示范基地，长期定位监测土壤性状及作物生长与生态效应的规律。集团从土壤—植物—生态修复—土地利用效率—产投比进行系统研究与分析，根本性改善矿区的生态环境现状。截至 2019 年年底，准能集团在黑岱沟复垦总面积 3040 公顷，种植乔、灌木约 6912 万株，地被植物 21.43 平方千米，矿区复垦率达到 100%，植被覆盖率由原始地表的 25% 提高到 80% 以上，昔日荒原变成草木繁盛的人工生态区。在西部煤矿区，下属神华集团"东部草原区大型煤电基地生态修复与综合整治技术及示范"项目的落地，代表集团在矿区采动破坏岩层的自修复及其环境效应、煤炭现代开采损伤监测、生态修复与生态稳定性提升等方面取得突破进展，有针对性地解决煤炭开发引起的生态环境损伤问题。

改良矿区土壤，发展矿区生态农业。国家能源集团为恢复露天煤矿土壤生产力、实现生态群落重建，让矿区复垦成为可能，示范性地开展丛枝菌根真菌和有机培肥接种工作，并实验性地采用生态经济林模式、农林复合模式和农田生态模式。该模式成功提高了土地利用效率，推动生态环境的良性循环，促进作物生长和品质提升，并为大规模生态修复储备技术。

四、贡献碳达峰和碳中和

习近平主席在第七十五届联合国大会一般性辩论上郑重宣布:"中国将提高国家自主贡献力度,采取更加有力的政策和措施,二氧化碳排放力争于 2030 年前达到峰值,努力争取 2060 年前实现碳中和。"[①] 企业利用清洁能源解决方案以平衡经济快速增长与环境协调发展的矛盾,顺应生态文明建设的必然要求。

国家能源集团肩负推进能源可持续发展和能源行业科技创新的示范引领责任,主动寻求能源变革,加快企业低碳转型,贡献碳达峰目标和碳中和愿景。2020 年年末,国家能源集团与国家发展和改革委员会能源研究所、清华大学低碳能源实验室等四家单位签订合作意向书,共同研究国家能源集团碳达峰、碳中和的路径,多维度构建清洁低碳、安全高效的能源体系。

开展二氧化碳捕集与封存技术研究。国家能源集团对低成本 CO_2 捕集与封存监测技术展开研究,建立了 CO_2 减排的模型,设计建成了燃煤电厂溶剂法与膜法碳捕集技术综合测试平台,高负载量 CO_2 化学吸收剂评价开发、捕集已取得初步进展。

发行碳中和绿债。2021 年,国家能源集团首度利用资本市场直接绿色融资工具,推动企业低碳发展,贡献减碳目标,成为上交所首家披露发行公告的碳中和绿色债发行人。2021 年 4 月 4 日,国际气候债券倡议组织(The Climate Bonds Initiative,CBI)宣布,国家能源集团发行的 2021 年度第一期绿色中期票据,经第三方机构依据气候债券标准核查,被正式认证为气候债券,即国内首支国际认证气候债券。超过 70% 的募集资金用于经认证具有碳减排效益的绿色产业项目建设、运

[①] 《超前布局为二〇三〇年前碳排放达峰创造条件》,百家号。

营、收购等，以节能减排、充分使用可再生能源等方式，减少碳排放。这一行为在煤炭电力行业内起到良好的示范效应与引领作用，将带动更多公司寻求低碳清洁能源业务布局。

打造生态林。国家能源集团在 2020 年正式布局"国家能源生态林"建设，累计新增造林面积 2.5 万亩（1 亩 ≈ 666.67 平方米）。公益基金会按照"国家能源生态林"项目的安排部署，创新开展了"网上植树"活动，开通了线上认捐平台，通过"网上植树 + 实体种树"形式，鼓励员工参与植树造林。截至 2020 年 12 月底，通过"网上植树"活动共认捐 96627 人次，认捐柠条 104671 棵、侧柏 54165 棵、樟子松 25963 棵，累计募集植树资金 316.87 万元。神东煤炭在布尔台采煤沉陷区等地实施生态林建设；集团在陕北扶贫县、南疆地区建设扶贫公益林等。这些行动不但推动了造林绿化工程，还在增加生态系统碳汇能力、修复生态环境和助力脱贫攻坚等方面获得超预期收益。

第四节 开放，参与全球能源治理

联合国可持续发展目标将打造多元的伙伴关系和提升全球可持续供应链纳入全球可持续发展的重点。国家能源集团为建设具有全球竞争力的世界一流能源集团，立足两个市场、两种资源，全方位实施能源对外开放与合作战略，抓住"一带一路"建设重大机遇，推动能源基础设施互联互通，与国内外共享可持续能源技术。在构建多利益相关方的伙伴关系时，关注价值创造，长期投入，以共创推动共享共赢。在核心技术、投资、建设、运营、管理、人才培养等方面与利益相关方展开合作，以负责任的方式推动一批具有示范带动作用的油气、风电、水电等重大项目和标志性工程建成落地，参与全球能源治理，助力全球能源高效清洁利用。

一、互利共赢，参与全球能源治理

中央企业响应"一带一路"倡议，深入参与全球价值链和区域价值链构建。国家能源集团也将建设世界一流企业作为目标，加强创新能力开放合作，合理利用国际市场、国际资源，坚持共商共建共享，推动"一带一路"建设走深走实，提升国际化经营水平，增强全球能源行业的话语权和影响力。在这个"产业链一体化"进程中，集团延伸内部价值链，向沿线国家输出资金、技术和管理经验，为企业、为地区创造经济价值、环境价值和社会价值。

国家能源集团成立国际发展公司，作为集团海外投资业务的唯一业务平台，带领集团内其他专业公司共同开拓国际市场，促进区域可负担、可持续能源的稳定安全供应。现已在印度尼西亚、南非等10个国家成功运营了17个能源项目，为更多企业提供了可借鉴、可推广的经验。并在澳大利亚、南非、希腊等国家依托风电投产项目形成辐射效应，稳步拓展海外市场。

国家能源集团国华电力立足于印度尼西亚的资源优势，培育共生理念，用技术突破资源屏障，彻底解决了粉尘、着火、堵煤、出力不足等瓶颈问题，开创了劣质褐煤干燥发电的国际先河，成功建成印度尼西亚爪哇7号 2×1050 兆瓦燃煤发电工程1号机组，年发电量约150亿千瓦·时，有效缓解爪哇地区用电紧张局面，为印度尼西亚煤电一体化发展奠定了坚实基础。

国家能源集团龙源南非德阿风电场投运以来，已经累计为南非输送近20亿千瓦·时的清洁电能，相当于为30万户家庭供应了清洁能源，是南非最大的风电项目。

国家能源集团国华投资公司与法电新能源公司、法电（中国）投资公司围绕风电、光伏、氢能、储能等领域进一步深化合作，为推动两国双边关系持续发展、深化能源务实合作做出积极贡献。

国家能源集团龙源加拿大公司在德芙林郡建成装机容量99兆瓦，包含49台风电机组德芙林风电场。该项目投运以来累计安全发电超过14亿千瓦·时，平均每年可为安大略省电网贡献约2.8亿千瓦·时的清洁能源电力，满足当地约3万个家庭的用电需求。

二、惠民利民，加强能源国际合作

中央企业在"一带一路"倡议下的海外经营和社会责任实践中表明，合理的社会责任决策有助于企业和社会共同发展[①]。十几年来，国家能源集团坚定践行国际化战略，立足地方资源优势，培育共生理念，收获共赢局面。在印度尼西亚、南非、加拿大、希腊、蒙古等国家和地区投资建厂为当地提供安全稳定的电力，还积极融入当地社区工作，带动"一带一路"沿线国家人民就业和当地企业发展，切实履行企业社会责任，与社会结成了命运共同体，逐步形成了"共生共赢"的合作模式。

在南非，开展教育、医疗公益活动，提高当地社区生活质量。南非项目公司成立专门的社区基金，培养当地居民就业技能，实施"助学·筑梦·铸人"计划，用于资助北开普省成绩优秀的大学生完成学业，还出资成立四所儿童早教中心，为当地贫困家庭的孩子提供教育平台，提高当地社区人口的就业能力。集团积极融入社区卫生保健工作中，在"世界艾滋病日"开展免费提供健康检查，帮助提高当地社区

---

① 祝继高，王谊，汤谷良，《"一带一路"倡议下中央企业履行社会责任研究——基于战略性社会责任和反应性社会责任的视角》。

居民的艾滋病防治意识。

　　在印度尼西亚，全过程价值创造，助力印度尼西亚电力行业发展。国家能源集团把印度尼西亚定位为向国际推广燃煤发电先进技术基点，视作中国与印度尼西亚的文化交流平台、国际化人才培养的摇篮、东盟合作的示范窗口。设立梯级人才培养计划，与印度尼西亚教育机构达成育人合作，将电厂作为基地，开展多种方式的员工培训，重点解决印度尼西亚因电力工业未成体系、电力发展人才短缺的问题，为印度尼西亚培养了一批熟练的火电机组管理运营队伍。在项目建设和生产过程中，有意识地修了一条土坝，为红树林的生长、繁殖创造了更好的条件，红树林在短短几年内面积增加30%，当地生态环境得以有效保护。在新冠肺炎疫情下，公司积极筹措，为印度尼西亚当地抗疫捐赠防疫物资共计26.7万美元，用于援助印度尼西亚抗疫一线，缓解政府和民众的燃眉之急，赢得了当地政府、民众的认可。

第五节　共享，助力改善国计民生

　　《能源发展"十三五"规划》强调"以人为本，共享发展"的理念，鼓励企业加强能源基础设施和公共服务能力建设，提高能源普遍服务水平；鼓励企业将能源发展和脱贫攻坚有机结合，推进能源扶贫。中央企业在法律约束、舆论、道德导向等利益相关者期望的驱动下，积极承担伦理责任和自行裁量的责任，助力改善国计民生。

　　国家能源集团发挥中央企业表率作用，维护、实现社会利益的法律道德义务，力争与各利益相关方建立信任与忠诚的关系。集团公司注重管理、制度、人员和文化等全方位融合，推动全员共创共享，凝聚发展的强大合力。发挥产业布局优势，利用产业资源，坚持共商共建共享，参与建设美丽中国，助力人类命运共同体构建。

一、全职业生涯的员工关爱

员工的主观能动性和创造力是推动企业长久发展的宝贵资源，企业履行对员工的社会责任具有合理性和必要性。员工是企业的核心利益相关方之一，是社会的重要成员，也是企业履行社会责任的起点。当员工对社会责任内涵的认知水平显著提升、企业内部员工对社会责任均可准确把握时，将有助于社会责任在企业中的全员覆盖和全员落实[1]。

国家能源集团推行市场化招聘，加强任期制和契约化管理，深化中长期激励，健全完善关键核心人才薪酬分配制度。各级公司均内化"以人为本"的发展理念，关注员工的职业生涯，重视员工成长，维护员工权益，关注员工满意度，与员工共成长，让员工在获得经济回报时，实现自我价值，获得尊重感、归属感、安全感。

搭建内外部人力资源市场，缓解结构性缺员与总体冗员并存的矛盾。国家能源集团设计搭建覆盖校园招聘、社会招聘、内部招聘的"三位一体"的内外部招聘系统。对外招聘中，仅2020年在招聘高校毕业生5000人的基础上，所属37家子分公司的132家用人单位面向社会再次公开招聘3880人，起到"稳就业"作用。对内招聘中，面向集团公司系统内部的人力资源市场发出招聘公告后，在全系统内对有意愿且符合条件的员工进行选拔、考核。这一流程既帮助员工实现职业发展规划目标，也有助于集团内部人岗供需匹配，减少了招聘成本和员工流失，改善了内部人力资源调配效率。

赋能新员工快速成长，助力高质量人才队伍建设。侧重于员工内在

---

[1] 殷格非，《责任竞争力：解码企业可持续发展》。

的工作和职业需求规划，有利于员工获得承认、实现自我价值。有意义的工作可以作为媒介，调节员工内心的状态，增加员工的文化认同感。国家能源集团建立完善公平的晋升和人才培养制度，用于畅通员工成长渠道，保障员工职业生涯的顺利发展。集团充分发扬一对一、老带新、传帮带的优良传统，持续深化"首席师"制度、举办科技创新培训班，逐步形成了梯度合理、覆盖全面、适应发展的科技人才队伍，为企业发展提供有力的人才保障。对于青年员工，集团广泛开展青年技能比武、青年创新创效、青年对话首席师等系列活动，持续深化青年岗位能手、青年突击队建设，培养了一批业务熟、技术精、能力强的技术骨干，为集团公司建设具有全球竞争力的世界一流能源集团贡献青春力量。集团还已顺利完成人力资源社会保障部职业技能等级认定试点备案工作，具备了自主开展技能人才评价工作的资质。当员工将获得企业颁发的职业技能等级证书数据上传至全国联网查询系统时，将获得与国家职业资格证书等效的政策补贴。科学、客观、公正地利用职业技能等级认定工作的优势，将持续助力人才队伍长效建设。

建立健全员工中长期激励体系和核心人才薪酬分配制度，提高员工主观能动性。绩效管理是促进员工能力开发的重要手段，有利于强化员工完成工作的动力，提高员工工作胜任能力，推动组织高质量建设。国家能源集团各级公司为追求跨越式发展，对标考评督察机制和高效合理的考核激励体系，构建职责清晰的工作责任体系。集团内部的工资增长向利润提升快、总量贡献大、人均效率高的企业倾斜，内部分配向基层一线和关键岗位倾斜，借此深挖员工提质增效的内在动力。

保障员工权益，提高员工幸福指数。保障员工权益是支撑企业履行社会责任的基础，目前主要强调保障法律权利和道德权利两个层面。法律法规层面，国家能源集团不断完善公司治理结构、依法合规运作坚持平等雇佣，坚决反对强迫劳动，保护员工隐私，依法为员工缴纳"五险"、住房公积金、健康险和意外险、补充医疗保险和企业年金,积极强化各类带薪休假制度。如大渡河公司在2020年签订了《集体合同》《女职工权益保护专项集体合同》《工资集体协商协议书》等集体合同,有力维护了员工合法权益,为公司凝心聚力谋发展奠定了基础。道德权利层面,国家能源集团充分发挥职工代表大会推动民主管理、维护员工权益的作用,以职工代表大会为基本形式的厂务公开民主管理体系,为员工创造安全、健康、舒适的工作环境。如销售集团神木清洁能源公司始终坚持"发展依靠职工、发展造福职工、发展成果职工共享"的指导思想,真心实意听取各级员工提出的意见,切实解决员工诉求,征集员工合理化建议,努力提高员工幸福指数和对企业的认同感,进而推动公司健康发展。

压实主体责任,为员工创造健康安全的工作环境。工作压力是个人和组织的共同问题,解决工作压力有利于塑造"健康的个人"和构建"健康的组织"①。国家能源集团关注员工健康安全的工作环境,相继发布《职业病防治规定》《职业病防治工作报告》,重点推进建立覆盖防治全过程管理的信息化系统,积极开展职业病防治法主题宣传和专项培训,提升场所安全健康水平与员工防范意识。集团还落实"党政同责、一岗双责、失职追责"和"三管三必须"的要求,层层压实主体责任,对责任不明确、工作不落实、履职不到位,违反安全生产法律法规和规章制度,造成事故、损失或不良影响的,严格追究责任。广东公司惠州电厂始终坚持"安全第一、预防为主、综合治理"的方针,牢固树立"以人为本、生命至上"的发展理念,建立健全安全生产保障体系,大力开展安全隐患治理,加大"三违"监督考核力度。在日常安全生产管理中,认真落实安全生产责任制,形成"横向到边、纵向到底"的

---

① 萨瑟兰,《战略压力管理:组织的方法》。

安全生产责任体系，确保了安全生产的可控在控。

关爱员工生活，凝聚员工推动公司改革发展的智慧和力量。员工平衡工作和生活将有利于提高员工工作效率，确保绩效长期可持续上升。选择福利项目、确定福利标准、制定福利发放明细等员工福利管理工作，是企业获得社会声望，增强员工责任感和对组织的归属感的重要途径。国家能源集团建立企业年金作为补充养老制度，减少员工职业生涯的后顾之忧。集团在发展过程中高度重视员工工作与生活平衡，尝试拓展为员工服务的新途径、新模式和新方法。集团为更好地关爱一线劳动模范，在2020年开展关爱一线"老黄牛"职工疗休养活动，组织400名劳模赴三亚、伊春疗休养，让员工增加了幸福感、获得感、满足感。又如准能集团工会自觉承担起举旗帜、聚民心、育新人、兴文化、展形象的使命任务，相继开展夏日送清凉、金秋助学、冬送温暖、工会帮扶品牌活动，并深入细致地做好员工结婚、生育、退休、住院等普惠性慰问工作，为员工营造幸福和谐的企业文化。

案例：国能e购"员工大集"平台——智慧员工关爱新平台

"互联网+"时代背景下，国家能源集团在践行"人才强企"战略中，加快进行工会数字化建设、智慧工会模式的探索。集团所属物资公司于2021年年初成功上线运行国能e购"员工大集"平台。该员工生活关怀APP，将企业、商家、员工、平台融为一体，为员工提供一站式福利采购和生活服务互联网解决方案。国能e购"员工大集"提供商品电商采购、信息资讯分享、线上活动开展三大类服务。平台凭借物资公司专业化采购优势，将质优价廉的商品以内购价格惠及员工个人。依托先进的互联网信息技术，为员工搭建线上交流、线下互动的便捷平台，提供买电影票、订蛋糕、遇见佳缘等服务，满足员工的生活娱乐需求。该APP的推出也是集团探索待遇留人、事业留人和感情留人的员工福利机制的新行动。

二、发挥引领作用，促进行业进步

国家能源集团平衡短期利益和长期利益，着眼于整个行业的长远发展，以身作则带动国内能源行业共同进步。

促进成果转化，推动行业标准化。集团构建互利共赢的多边合作战略平台，参与世界经济论坛等重量级会议，与跨国公司在煤炭清洁高效利用、新能源与可再生能源开发、节能减排与应对气候变化等领域开展交流，共同促进能源行业高质量发展，彰显了优秀企业的责任感和使命感。集团以科研协同体系为抓手推进产学研深度融合，以协同创新中心为基石，参与标准制定，促进标准落地，填补市场空白，奠定行业发展的价值取向。如电科院环保院公司研究并创建了完整的燃煤发电污染防治技术标准体系，引领了火电行业污染防治技术和环境管理体系的技术进步。截至2020年，国家能源集团累计参与编制国家标准15项、国际标准1项。

牵头产业联盟、产业基金建设，推动产业普及。国家能源集团牵头成立中国氢能联盟，重点解决氢能产业发展基础研究与核心技术投入不足、应用领域政策支持不足、产业集中度不够等问题，共同推动建设国内示范加氢站，促进氢能全产业链发展。2021年，国家能源集团以新发展理念为引领、推动能源绿色低碳转型为目标，发起设立国能基金，重点聚焦风电、光伏产业，以及氢能、储能、综合智慧能源等新兴产业。国能基金以资本化运营方式撬动相关项目落地，目前江苏东台50万千瓦海上风电项目已正式落成。

坚持公平交易与贸易，保证消费者权益。国家能源集团倡导可持续消费，不断强化潜在风险预警，完善产品及服务质量管理体系，努力与供应链伙伴共建绿色供应链、阳光供应链、责任供应链，促进责任消费的实现，与利益相关方共享负责任的能源。

三、多维度参与社区建设与发展

联合国可持续发展目标11[①]"可持续城市和社区"聚焦城市治理，在建设宜居、多产型经济、包容社会、环境友好型可持续城市等方面寄予诸多美好愿景。社区发展是社会、经济、文化等因素相互作用的复杂结果之一，也是中国社会责任国家标准所关注的七大核心议题之一。国家能源集团在发展进程中，参与和谐社区建设、发力区域就业，助力解决社区公共问题。

推动基础设施建设和改善人居环境，缓解自然禀赋劣势对社区发展的制约。《经济百科全书》指出，基础设施是"对产出水平或生产效率有直接或间接提高作用的经济项目"，即基础设施服务于区域社会经济活动正常进行，是维持经济社会持续运行的关键，也是社会赖以生存发展的物质基石[②]。2019年国家统计局发布的《"乡村振兴之路"调研报告》指出，中国偏远地区基础设施建设仍是短板，制约区域互通和传统农业生产与现代产业对接[③]。

国家能源集团业务遍布全国31个省市及自治区，煤炭、火电、新能源、水电、运输、化工、科技环保、产业金融八大业务板块渗入人民生产生活的方方面面。在推进大规模基础设施建设中，发挥主力军作用，以业务遍布全国的优势，参与传统基础设施完善、助力新基建高质量发展。

国家能源集团在对口支援和定点帮扶的聂荣县、布拖县、普格县等地持续投入资金，重点解决通路、通水、通电难度大，农牧业基础设施建设滞后，公共服务设施较差等问题。如在西藏自治区聂荣县尼玛乡4

[①] 可持续发展目标11：建设包容、安全、有风险抵御能力和可持续的城市及人类住区。
[②] 吴庆，《基础设施的公共性及其政策启示》。
[③] 柏先红，刘思扬，《"乡村振兴之路"调研报告》。

村投入2200万元建设小康示范村；在普格县投入70万元建设安全饮水工程，彻底解决3村211户950人的安全饮水问题；先后投入2673万元援建普格县彝族新村，帮助贫困群众改善住房条件。落后地区基础设施完善，为国家能源集团拓宽社区参与渠道、助力区域产业发展奠定了坚实的基础。

促进重点群体多渠道就业，持续改善区域人民生活。近年，中国通过合理引导消费、储蓄、投资、保证高质量供给等方式，提高居民消费能力和意愿，增强投资增长后劲[1]。扩大消费的必要条件是促进就业、优化收入分配结构、扩大中等收入群体、扎实推进共同富裕[2]。国家能源集团在开展劳务协作、强化技能培训、建设扶贫车间、加强创业带动和开发公益性岗位方面积极努力。如集团2020年通过生态扶贫选聘贫困人口为生态管护员，帮助右玉、曲麻莱县实现转移就业427人；同年还开展电工、焊工、种植养殖农业技能等培训，提高贫困群众脱贫致富本领，帮助培训技能人才3859名。一系列就业帮扶的落实提升了区域贫困劳动力就业创业能力，增加了贫困家庭劳务性收入，加快了贫困劳动力致富步伐。

打造产业帮扶样板，为区域发展注入不竭动力。习近平总书记指出："产业扶贫是最直接、最有效的办法，也是增强贫困地区造血功能、帮助群众就地就业的长远之计。要加强产业扶贫项目规划，引导和推动更多产业项目落户贫困地区。"[3] 发展产业是推动贫困人口脱贫致富的主要途径和长久之策。

国家能源集团构建了"党组统一领导、总部统筹协调、子分公司主责、挂职干部落实"的组织体系。在开展扶贫工作过程中加大投入

---

[1] 《人民日报》，《加快构建新发展格局为"十四五"开好局》。
[2] 《中央经济工作会议：促进就业、扩大中等收入群体》，经济观察网。
[3] 《以产业扶贫增强贫困地区造血功能》，人民网。

国家能源集团：可持续驱动型社会责任管理

力度、选派得力干部、抓实督促指导、创新帮扶方式，开展教育、健康、民生、产业、生态、培训、消费、就业等一系列扶贫工作。在精准扶贫的道路上，集团因地制宜，细化帮扶措施，纾解贫困地区发展资金难题，推进重点扶贫项目，以产业优势破解区域发展动力不足的难题，真正帮到点上、扶到根上。集团累计向7个定点帮扶县和2个对口支援县投入帮扶资金11.6亿元，9个县先后脱贫摘帽，退出脱贫序列，圆满完成脱贫帮扶任务。集团连续三年在中央单位定点扶贫工作成效考核中获得"好"的最高评价。

国家能源集团深入实地考察，了解区域自然条件禀赋，为不同地区选择适宜的特色产业进行重点扶持，带动地方经济持续发展。如国家能源集团结合青海省环湖牧业大县的畜牧业发展情况，利用该地区超净的生态环境和祁连山泉水的优质水源，助力打造可持续发展试验示范区。同时，国家能源集团还发挥国家能源e购、慧采商城平台作用，并与快手等平台联动，促进当地特色农产品走向全国。

在发展特色产业的基础上，国家能源集团还致力于在受帮扶地区做大做强地方品牌，以自身的人才优势为地方提供品牌策划、包装、宣传、销售等一揽子服务，为区域发展注入持久动力。如国家能源集团投入500万元助力吴堡县传统手工空心挂面规模化发展，与当地携手努力让"天下第一面"冲出小作坊，闯向大市场。再如，国家能源集团向陕西吴堡县岔上镇川口村投入专项资金，发展地方集体经济，在该村建设占地35亩的蔬菜大棚20个、储水量达80吨的蓄水池一座。在发展蔬菜大棚种植产业中，雇用村民务工人员30余人，其中贫困户16人。蔬菜大棚收益的10%被用于贫困户分红，90%用于全体村民分红，让村民不仅可以自食其力、多劳多得，又可享受额外红利，实现了收入的稳定增长，成功带动86户贫困户脱贫。

> **案例：创新生态帮扶，保护黄河源头**
>
> 国家能源集团承担青海省曲麻莱县定点帮扶工作。青海省曲麻莱县地处三江源核心保护区和世界自然遗产可可西里国家级自然保护区，是世界上生物多样性和景观多样性最丰富的地区之一，也是中国生态系统最脆弱和最原始的地区之一。超载过牧、鼠害泛滥等问题使黄河源头核心区域草场大面积退化，草地生态系统逐渐失去自我调节能力。
>
> 国家能源集团坚守生态红线，践行"两山"理论，努力实现生态修复和脱贫攻坚双赢，把青海省曲麻莱县黄河源头保护作为帮扶重要内容，将精准扶贫与生态保护融合衔接，以生态保护优先理念引领脱贫攻坚工作持续推进。集团以保护"母亲河"为目标，特别设计黄河源头核心区 15 万亩草场禁牧工程方案，以鼓励牧民搬出的方式实现该区域历史上首次禁牧。为解决搬出牧民的生产生活问题，国家能源集团安排专项扶贫资金，租赁了约 10 万亩草场，以草场流转的方式帮助牧民异地建设暖棚、机井等基础设施，成立合作社统一养殖安置从禁牧区迁出的牛羊，为牧民发放禁牧补贴，还在当地选聘 162 名贫困户担任生态管护员和合作社牧工。搬迁后的牧民家庭人均收入有了较大提高，是协同实现生态恢复、牧业增效、牧民增收的生态扶贫范本。

尽锐出战，积极应对公共突发事件，保障区域特殊时期有效运转。

在新型冠状病毒肺炎疫情等公共突发事件中，国家能源集团坚决贯彻党中央、国务院决策部署，第一时间捐款捐物，有序组织复产复工，全力保障能源供应，为抗击疫情、恢复经济做出积极贡献。

疫情发生后，国家能源集团党组高度重视，做出一系列部署，如疫情期间将保安全生产、保职工健康、保能源供应作为工作重点，自上而下，有力有效推进疫情防控及生产运营各项工作。集团充分发挥现有产业布局优势，积极调配资源、捐款捐物，致力于减少疫情对社会的不利影响。在2020年疫情期间，国家能源集团累计向湖北省等重点省份捐赠资金1.4亿元，员工自愿捐款1410万元，采购湖北省企业产品及服务21.5亿元。下辖物资公司发挥寻源优势和国家能源e购商城聚集效能，多渠道线上线下为湖北疫区和系统内单位供应物资，累计为湖北省疫区和系统内单位供应口罩326万只、防护镜8441副、防护服6127套、测温仪1398台、工业酒精和消毒液等消毒产品8.12万千克。

在新冠肺炎疫情期间，国家能源集团将保电供热作为一项重中之重的任务，发挥煤电运一体化优势，全力做好发电供热各项安全生产工作。全集团475台火电机组、166台供热机组安全稳定运行，为疫情防控和居民生活提供了可靠的电、热供应，集团各铁路公司还加强运输组织，保持车流通畅稳定、运输安全有序，优先应急响应特殊地区运力需求，保障物资运输畅通、及时送达，仅2020年春节假期10天，就向湖北省供煤33.1万吨。案例见第73页。

四、多元公益品牌建设

企业与各利益相关方建立一种合作伙伴关系以满足多方期待，使所有利益相关方受益。广泛的公益性社会责任活动，如公益事业宣传、企业的慈善活动、社会志愿者活动等一直以来都是企业与利益相关方建立合作关系的常见模式。

> **案例：保运输保供应，勠力同心抗疫情**
>
> 新冠肺炎疫情发生后，作为保障国计民生的中央能源骨干企业国家能源集团，煤炭运输产业坚持疫情防控和运输两手抓，扎实做好"六稳""六保"及"三稳四保一加强"的工作，坚决贯彻落实各级防控要求，制定落实专项措施，严守疫情防控阵地，迅速恢复生产运营，形成常态化防控机制。
>
> 煤炭生产人员牺牲节假日、减少休班，保障了人员到位，实现核心地区各矿满负荷运行，超额完成生产任务，多次创下日产、月产的最高纪录，保障了湖北等疫情重点地区的煤炭供应。运输人员为加快黄大铁路建设，采取专人驾车长途接送专业架子队人员，确保最短时间恢复施工，完成年底建成运行的特殊任务，全力保障武汉"火神山"和郑州"小汤山"医院所需建材装备和医疗防护用品原料运输。煤炭生产和运输产业的勠力同心切实发挥了国家能源集团的"稳定器"和"压舱石"的作用。

国家能源集团运用"企业化管理、社会化运作"理念，积极打造公益品牌，早在2010年就登记注册了全国性社会组织，并于2018年5月更名为国家能源集团公益基金会。该基金会在扶贫济困、救助灾害、开展援藏、文化教育、科学研究、环境保护、合作交流、社区共建等领域累计投入30.07亿元，提升了国家能源集团的品牌形象。

立足区域医疗资源培植、大病预防、卫生健康文化的传播和普及，开展医疗公益行动。国家能源集团公益基金会为助力健康扶贫和健康中国建设，避免贫困家庭因儿童患病致贫返贫，于2011年起与中国社会工作联合会合作开展国家能源集团"爱心行动"项目。项目包括"两病"救助和新生儿先天性心脏病免费筛查，探索形成了"筛查＋治疗+救助"的模式，充分发挥基本医保、大病保险和慈善救助的叠加效应，为儿童健康事业保驾护航①。

基金会与中国人民解放军总医院合作，在部分地区开展乡村医生培训项目，以基础知识培训、听诊实操、带教实习的复合模式，提高基层医疗工作者的疾病诊断治疗水平，切实提高医疗资源欠发达地区人民健康水平和生存质量。同时基金会为部分贫困患者托底，解除大病医疗的后顾之忧。

国家能源集团还注重医疗健康文化的传播与普及。2019年开展的"爱心红丝带"项目，对布拖县、普格县预防艾滋病传播工作的能力建设、措施落实、预防母婴传播等工作进行援助支持，全面提升艾滋病防控工作质量。

> **案例：乡村医生培训项目提高贫困儿童生活质量**
>
> 乡村医生培训项目是国家能源集团公益基金会医疗健康领域的品牌公益活动。基金会于2019年开始，与中国人民解放军总医院合作，在集团公司9个定点帮扶县开展乡村医生培训项目，包括先天性心脏病培训、筛查、救助3个子品牌项目，贯穿于先天性心脏病防治的全过程。截至2020年年底，已在普格、布拖、米脂、吴堡、右玉五县开展乡村医生培训项目，累计培训乡村医生651名、筛查22570名儿童、确诊并救助儿童33名，相关治疗费用由基金会兜底资助，提高了当地儿童健康水平和生存质量，赢得了受帮扶地区的赞誉，取得了良好的社会效益。

---

① 国家能源公益基金会，"爱心行动"。

补足落后地区文化教育短板，盘活人才资源，变"输血"为"造血"。国家能源集团于2010年年底启动"神华爱心学校"项目，截至目前，在革命老区、老少边穷地区援建19所爱心学校，解决边远地区学生受教育难的问题。还捐资援建宿舍楼、教学楼，捐建爱心书屋，有效缓解边远地区办学难的问题。

基金会依托集团的子分公司相继开展新疆维吾尔自治区南疆爱心助学项目、贵州省台江县爱心助学项目、舟曲县助学项目等品牌教育公益项目。为优秀贫困学生捐款捐物、为优秀教师发放奖励基金等措施，初步解决了所帮扶贫困地区整体教育水平低的问题。2019年，基金会又创新开展"爱心之旅"品牌公益项目，围绕教育、生态等主题，通过组织贫困地区的学生、老师及各界基层优秀代表到北京、西安等一线城市进行参观学习、开拓视野、增长见识。实践学习的机会不但促进了区域文化交流和民族团结，还为贫困地区引入了先进思想和先进理念，为贫困地区发展注入新思维。

案例："生态之旅"活动赋能黄河源头基层代表

"生态之旅"活动是国家能源公益基金会在2020年落实品牌项目"爱心之旅"的活动之一。活动邀请在黄河源头曲麻莱县麻多乡工作的基层一线优秀代表到北京来学习培训和参观考察。活动之中以经验分享和专题讲授的方式向基层优秀工作人员传播落实了习近平总书记生态文明建设重要思想，代表们更深刻地理解生态文明思想，以理论武装头脑，参与黄河源头生态治理。除理论学习外，活动还安排观看了天安门升旗仪式，参观著名历史文化景点，接受爱国主义教育，让基层工作人员进一步开阔视野、提高站位。

国家能源集团：可持续驱动型社会责任管理

弘扬志愿者精神，鼓励参与志愿服务行动。在中国，志愿者事业同"两个一百年"奋斗目标，同建设社会主义现代化国家同行[①]。国家能源集团在集团内部营造出志愿服务的火热氛围，动员集团公司广大爱心志愿者走进社区，践行"奉献、友爱、互助、进步"的志愿者精神，服务社会、传承文明，开展志愿服务项目，以培养员工社会责任意识、公民意识和公共参与精神。例如，乌兰木伦镇民泰小区铁路西侧绿化带发生火灾时，化工公司煤制油分公司第一时间派出消防车及指战员前往处置，在保障人民群众生命健康安全的同时更以实际行动践行央企责任担当。再如国神公司沙吉海煤矿走进社区，基于"融合共建"理念开展形式多样的志愿者服务活动，受到了当地社区居民的一致好评，树立了公司的良好形象。

---

① 《志愿者事业要同"两个一百年"奋斗目标同行》，央广网。

第四章

发展，可持续驱动型
　社会责任管理之效

本章导读

  国家能源集团以可持续推动社会责任管理，以社会责任管理助力落实五大发展理念，不仅实现了经济效益的稳步增长，也为生态环境保护和社会公平正义贡献了价值，实现了经济、环境、社会综合价值创造能力的显著提升。对内，国家能源集团树立了可持续的发展观念，打造了负责任的企业文化；对外，国家能源集团的企业负责任形象受到了利益相关方的广泛认可。

第四章 发展，可持续驱动型社会责任管理之效

第一节 综合价值创造能力显著增强

国家能源集团逐步完成了以实现可持续发展为目标的社会责任管理模式创新，经济、社会、环境综合价值创造能力显著增强。在创造经济价值方面，国家能源集团借助良好的经济绩效和科技发展，在国内外市场竞争中赢得持续竞争优势，保值增值能力显著增强。在贡献社会价值方面，国家能源集团为利益相关方创造价值的能力显著增强，通过承担脱贫攻坚任务和公益慈善活动，国家能源集团在保障和改善民生、促进社会公平正义方面发挥了重要作用。在生态环境保护方面，国家能源集团凭借着对环境保护任务的高要求、高标准，成为中央企业中节约资源、保护环境、低碳发展、绿色发展的模范。

国家能源集团在做好自身经济、环境和社会综合价值创造的同时，也在不断满足利益相关方期待其承担的各项责任，如关注并响应更多利益相关方的表率者责任、责任管理的创新者责任、责任运营的中国代表者责任，以及可持续发展的领导者责任等。

一、经济价值创造能力得以提升

面对国家和人民的期待，国家能源集团充分发挥能源安全"稳定器"和"压舱石"的作用，建立了一套在面对各种内外部复杂条件时都可以迎难而上、勇挑重担的供应机制，做到了几十年如一日地在重点地区、重点时段的能源保障，促进了市场占有率的提升，打造了安全稳定的产业链、供应链，并实现了利润总额、营业收入利润率双双提升的业绩表现。

煤炭生产方面，截至2020年，国家能源集团煤炭产能达到6亿吨，煤炭产销量约占全国的17%。2020年6月，集团88台火电机组获全国能效对标优胜机组称号，位居国内电力集团第一。电力供应方面，国家能源集团2020年电源装机已达到2.57亿千瓦，比重组时增加2700万千瓦，总发电量约占全国的15%。清洁可再生能源装机占比较重组时提高1.6个百分点，风电装机规模保持全球首位。建成一批精品工程，获得国家优质工程奖4项，其中获得国家优质工程金质奖1项；获得中国电力优质工程奖3项；中国土木工程詹天佑奖2项；获评中国建设工程鲁班奖1项。

运输网络上，截至2020年年底，国家能源集团共拥有2155千米区域铁路路网，年运输能力达到5.21亿吨；拥有3个专业煤炭港口（码头）及62艘自有船舶，港口吞吐能力2.47亿吨。神朔、朔黄铁路作为党的十四大确定的四大跨世纪工程之一，是我国"西煤东运"的第二条大通道。

化工产业方面，2020年，国家能源集团化工品（含主要中间品）产量2548万吨，形成覆盖全国的油化品营销网络，树脂产品打入越南、泰国及巴西市场。产业链逐渐向高端产品延伸，煤直接液化制混合芳烃新产品，透明料、薄壁注塑料等聚烯烃新产品得以成功开发，为我国减少污染物产生与排放、降低二氧化碳排放量做出贡献。

国家能源集团高度重视科技创新，经过4年多的发展，形成了"智库+前沿技术研究院+专业研究院+研发平台"的自主研发体系，建成了一批国际领先的示范工程。截至2020年年底，国家能源集团累计获国家科学技术奖励一等奖3项、二等奖34项，中国专利金奖5项。

作为世界500强企业，国家能源集团大力开展国际化运营，探索第三方市场合作以及优势互补、联合出海等模式，与海外投资公司，围绕风电、光伏、氢能、储能等领域进一步深化合作，树立境外可再生能源发展品牌，实现从"项目合作"到"民心相通"。

金融服务作为资源配置的抓手，为国家能源集团的"化石能源清洁化，清洁能源规模化"目标起到了重要的作用。集团设立清洁能源产业投资基金，以资本化方式助力清洁能源发展，组建了专业化国际投资平台，初步构建了"大协同＋专业化"国际化业务体系。

二、社会价值创造能力得以提升

作为能源企业，保障能源供应既创造了经济价值，也创造了社会价值。国家能源集团面对各方期待，不仅高效完成保障重点区域、重点时段的保供保暖保民生任务，依托大型中央能源企业的身份，用精准扶贫、公益慈善、抗击新冠肺炎疫情等举措点亮大爱之路，助力国计民生。

在脱贫攻坚战中，国家能源集团充分利用基础设施建设、教育扶贫、医疗健康扶贫、光伏扶贫、生态扶贫、消费扶贫、产业扶贫、干部培训、就业扶贫等多种方式帮扶困难群众，在国家能源集团的有力帮扶下，截至2020年年底，对口帮扶的9个贫困县全部顺利脱贫摘帽，退出贫困旗县序列，圆满完成脱贫攻坚帮扶任务。

国家能源集团帮扶工作受到国家部委和地方政府的充分肯定，连续三年在中央单位定点扶贫工作成效考核中获得"好"的最高评价，多次被四川省、青海省评为脱贫攻坚先进单位，荣获陕西省、山西省"脱贫攻坚组织创新奖"。集团公司扶贫案例2018年、2019年连续两次入选中国企业精准扶贫50佳案例，并涌现出驻村挂职3年的"五心书记"胡小明，雪域高原挂职6年的"感动那曲人物"岳权，先后在江苏、四川两省驻村帮扶的"草莓书记"李四方等一批优秀挂职干部代表。2021年2月25日上午，全国脱贫攻坚总结表彰大会在北京人民大会堂隆重举行，对全国脱贫攻坚先进个人、先进集体进行表彰。国家能源集团扶贫办扶贫工作处、大渡河公司、西藏公司3家单位荣获"全国脱贫攻坚先进集体"荣誉称号，四川公司胡小明荣获"全国脱贫攻坚先进个人"荣誉称号。

公益慈善是国家能源集团创造社会价值的另一个重要方向。为更好地回报社会，国家能源集团成立了专门的公益基金会，在集团"企业化管理、社会化运作"的理念下，秉承"奉献国家能源爱心，支持公益事业，促进社会和谐与发展"宗旨，汇聚爱心，共襄事业，通过扶贫济困、救助灾害、开展援藏、文化教育、科学研究、环境保护、合作交流、社区共建等具体实践活动，开展了一系列"爱心"行动，树立了国家能源集团公益品牌。截至2020年年底，公益基金会累计支出30.07亿元，开展医疗救助、助教助学、定点扶贫等公益项目百余个，受益地区涵盖31个省（自治区、市），2218个县，受惠总人数千万人。国家能源公益基金会将企业发展成果更多更好地惠及广大人民，为构建人类命运共同体不断添薪蓄力。

国家能源公益基金会的社会工作获得了社会各界的认可和赞誉，并荣获了中国企业社会责任卓越奖、第七届中华慈善奖、第九届中国慈善排行榜十大慈善企业、第十届中华慈善奖、全国先进社会组织等称号和奖项，是央企中唯一一家蝉联全国5A级别的基金会。

三、环境价值创造能力得以提升

环境价值创造是实现可持续发展目标不可或缺的组成。如何以"可持续的方式供应可持续的能源"是能源企业必须思考的问题。在创造环境价值过程中，国家能源集团牢固树立"绿水青山就是金山银山"的发展理念，将生态文明建设融入生产建设运营各环节，坚持走科技含量高、资源消耗低、生态保护好的绿色低碳循环发展之路，各项污染物达标排放。

在日常工作中，国家能源集团严格落实节能减排任务，实现重点企业和重点污染源"在线监测、生态遥感、节能环保监测"三个全覆盖。大力发展清洁可再生能源，2020年新能源基建投资占比57.6%，同比增长99.8%，"两个500万+"行动计划强力推进圆满完成，鄂尔多斯"风光火储氢"千万千瓦级综合能源基地和巴彦淖尔综合能源基地积极推进，玛尔挡水电项目成功并购，西部清洁能源基地规模化发展取得重大突破，大渡河流域"智慧水电"国内领先。全集团常规煤电机组全部完成超低排放改造，全部机组完成脱硫脱硝改造、部分实现"近零排放"，所属海南乐东电厂，成为世界上排放标准最优的城市环保电厂。所属内蒙古鄂尔多斯百万吨级煤炭直接液化示范工程产出油品，达到国内外环保最高标准。截至2020年年底，国家能源集团实现新能源投产521万千瓦，开工55万千瓦，是全球唯一同时掌握百万吨级煤炭直接液化和间接液化两种煤制油技术的企业集团，实现煤炭利用的就地、清洁、高效转化，实现集团公司绿色化工建设。

国家能源集团加快绿色矿山、绿色电站、绿色运输、绿色化工建设。截至2021年1月，国家能源集团共有36家煤矿进入国家自然资源部发布的全国绿色矿山名录，省部级以上绿色矿山占生产煤矿总数的40%以上，所属神东矿区植被覆盖率由开发初期的3%～11%提高到64%，黄骅港在全国22个沿海主要港口绿色安全评价中排名第一，成为国家3A级工业旅游景区。国家能源集团推动良好生态环境成为展现企业良好形象的发力点、人民幸福生活的增长点、实现良性发展的煤炭绿色开发新格局。

第二节　沟通水平和运营透明度显著提高

在社会责任管理和实践过程中，国家能源集团与利益相关方的沟通意识显著提高。通过持续开展社会责任履责项目、识别利益相关方需求、回应相关方关切等方式，国家能源集团持续与利益相关方开展有效的沟通交流，逐步建立起社会责任宣传活动，社会沟通和内部沟通的联动机制得到健全和完善，运营透明度显著提高，应对复杂的舆论环境和妥善处置重大突发事件的水平显著提高。

一、利益相关方沟通意识和方式显著改善

在探索实践中，利益相关方沟通意识得以增强，沟通效果得以改善。开展社会责任管理时，国家能源集团充分听取了来自内外部利益相关方的诉求和期望，建立了顺畅的沟通和参与机制，并积极回应来自各个利益相关方的意见建议，保证了国家能源集团社会责任管理决策的客观性和全面性。

在对上沟通方面，国家能源集团主动创新对主管部门和权威机构的沟通方式，积极主动汇报沟通，争取主管部门、行业协会和权威研究机构的广泛支持，先后赴国务院国资委综合局、中国电力企业联合会、中国社科院企业社会责任研究中心、中国工业经济联合会汇报交流集团社会责任工作情况，争取广泛支持与认可。

在对内沟通方面，国家能源集团积极组织社会责任培训，倾听员工的声音，在潜移默化中让企业社会责任成为员工工作的内在动力，系统提升了社会责任管理人员的综合素质。从2017年延续了对子分公司的

社会责任培训，先后为神东煤炭集团和铁路货车公司开展专题培训。为新集团进一步强化对社会责任工作的组织领导和沟通协调、提高履行社会责任的能力打下了坚实基础。

二、社会责任沟通机制进一步完善

国家能源集团在推进社会责任工作过程中，重视责任沟通，以社会责任报告、网站专栏、新媒体等为载体，让股东、员工、客户、合作伙伴、政府和社会公众了解企业的社会责任履行情况，有效增强沟通及时性和高效性。

从 2008 年首份社会责任报告开始，国家能源集团实现了年度社会责任报告 100% 发布。积极推动下属企业独立编制社会责任报告，2014 年起要求利润超过 10 亿元的二级单位都编制社会责任报告，海外的澳大利亚公司等发布社会责任国别报告，为合并重组后子分公司编制报告起到了良好的基础作用。在 2017 年之后，有条件的神东煤炭集团、朔黄铁路发展公司等下属企业延续了发布年度社会责任报告的传统，积极回应社会关心的热点问题。2020 年年底，国家能源集团要求全部子分公司加快发布年度社会责任报告的步伐，全面披露社会责任履责成就。

国家能源集团创新责任品牌传播，通过创新采用拍摄社会责任宣传片，以微信公众号、微信视频号、抖音、快手、网站专栏等多媒体平台为传播载体，在社会公众中传播了公司责任理念与先进履责实践，扩大了正面宣传的力度，营造了良好的舆论氛围。集团公司还积极参与"一带一路"高质量发展案例报告发布会、"新发展格局与国有企业"学术论坛等行业内外及第三方平台的线下传播交流活动，对优秀履责亮点进行二次传播，扩大社会责任实践的影响力和影响范围。线上线下相结合的社会责任沟通方式让集团在应对复杂的舆论环境和妥善处置重大事件的水平显著提高。

三、运营透明度显著提高

在工作过程中，国家能源集团主动接受广大利益相关方的监督，及时回应社会重大议题、处理突发事件，集团公司改革发展和经营情况更加透明。同时，国家能源集团广泛参与社会责任重大课题研究，积极开展并参与外部社会责任调研、论坛及沟通会，持续主动宣传介绍集团在新阶段履行社会责任的做法，重点信息得以及时披露。

国家能源集团十分重视海外运营。在南非风电全产业链项目中，国家能源与当地媒体、智库合作，于2020年发布了《龙源南非社会责任报告》，并在当地媒体、国内媒体进行宣传报道，经营透明度得以提高。

在集团公司社会责任管理体系的引导下，员工的责任意识得以提高，清洁能源的理念深入实践活动。国家能源集团坚持企业文化建设与企业履责实践相结合，在工作中不断积累、总结、提炼、升华企业文化内涵，注重发挥企业文化对于企业日常社会责任工作和企业履责实践的引导作用，让履行社会责任成为企业文化的重要组成部分，并植根于全体员工心中，贯穿于履行社会责任的全过程。

第三节 品牌美誉度和影响力显著提升

积极履行社会责任不仅让国家能源集团的综合价值创造能力得到提升，运营透明度得以增强，更促进了"国家能源"品牌美誉度的显著提升，并带来了广泛的社会影响力。国家能源集团在能源行业的排头兵地位牢固树立，带动全行业输出清洁低碳可持续能源的产业带动力和社会影响力显著提升。"国家能源"品牌建设全面推进，社会贡献和价值得到社会认可。社会责任相关工作在国内外各类评选中脱颖而出，受到国内外众多利益相关方的广泛好评，为进一步深化国企改革、落实国家"走出去"和"一带一路"建设创造了良好的舆论环境，市场竞争力和社会影响力迈上了新的台阶。

一、行业影响力不断扩大

国家能源集团充分挖掘社会责任优秀案例的价值，宣传报道集团在精准扶贫、污染防治等方面的优秀经验和做法，扩大集团社会责任工作的行业知名度和影响力。国家能源集团社会责任报告获多方认可。2018年度社会责任报告被中国煤炭工业协会评为"全国煤炭工业社会责任报告发布优秀企业"，被《可持续发展经济导刊》杂志社评为"金蜜蜂2019优秀企业社会责任报告"，并且荣获中国企业社会责任报告评级专家委员会授予的"五星级"最高评级，居行业领先。这份社会责任报告（英文版）被国内重要研究机构选中，作为12家优秀中国企业代表之一在纽约联合国总部举办的"联合国2019全球企业社会责任峰会"上展示，得到了与会专家的一致认可和好评。《国家能源集团2020年社会责任报告》被中国企业社会责任报告评级专家委员会评为最高的"五星佳"评级，是煤炭行业第一家也是唯一一家拿到报告最高级评价的企业，在中国企业中保持领先。

二、国际影响力显著提升

在海外运营中，国家能源集团严格遵守所在国法律，尊重所在国的民族文化和宗教习俗，坚持诚信经营，保证产品和服务质量，保护当地环境，抓好安全生产，积极聘用当地员工，维护当地员工权益，取得了所在国的积极肯定。国家能源集团充分发挥在资本、技术、品牌等方面的优势，大力发展当地清洁能源，保护当地生态环境，积极带动当地产业链企业共同发展，积极参与所在国公益事业，支持社区的文化、教育、医疗等公共服务设施建设，实现与利益相关方的价值共享，为当地可持续发展做出应有贡献。国家能源集团在印尼的系列火电项目受到了广泛好评，成为《人民日报》"一带一路"高质量发展优秀案例。

三、品牌美誉度得以改善，品牌形象获得认可

通过良好的管理与品牌建设，国家能源集团美誉度得以不断改善，能源安全"压舱石""稳定器"的负责任形象得到广泛认可。2020年，国家能源集团入选"中国企业社会责任TOP前30"，成为中国企业履行社会责任的表率。多篇社会责任履责实践入选了国务院国资委、中国社科院出版的重要教材或专著。向国务院国资委报送的中央企业责任管理问卷和中央企业海外履责调查问卷、优秀社会责任案例全部入选《中央企业社会责任蓝皮书》（2019、2020）《中央企业海外社会责任蓝皮书》（2019、2020）《中央企业抗击新冠肺炎疫情案例集》。中电联汇辑出版的《立责于心、履责于行——全国电力行业企业社会责任优秀案例集（2018）》纳入了国家能源集团共15篇案例。在中电联组织召开的全国电力行业企业社会责任工作研讨会上，新疆电力"访民情惠民生聚民心"驻村实践典型案例演讲得到中电联领导、与会专家的充分肯定。

在各方面的努力和支持下，国家能源集团在2018、2019年度和2016—2018年任期央企业绩考核中均获A级，名列中国企业联合会、中国企业家协会发布的《2020中国企业500强》排行榜第29位。在中央单位定点扶贫工作成效考核中，连续3年荣获"好"的最高等次评价。集团公司被评为"节能减排突出贡献企业""社会责任卓越企业"，集团系统累计获评全国文明单位30家，中华环境优秀奖2家，全国创

新争先奖 1 名。

集团公司在改革创新、环境保护、安全生产、精准扶贫、公益慈善、海外经营等方面积极践行央企责任，先后被《可持续发展经济导刊》、中国社会责任百人论坛等专业机构授予"海外可持续实践卓越企业""卓越责任企业"等荣誉，入选中央广播电视总台"2019 中国品牌强国盛典榜样 100 品牌"。

2020 年 1 月，在中国社科院发布的"中国品牌影响力百强榜"中，集团公司位列前十，较 2018 年上升了 10 位。2020 年 5 月，在品牌联盟发布的《2020 中国品牌 500 强》排名第 9 位。在中国品牌建设促进会发布的"2021 中国品牌价值评价信息榜"中，国家能源集团以品牌强度 915，品牌价值 1882.65 亿元，居能源化工行业第 3 名、参评央企第 3 名，彰显集团公司重组整合以来，在推进高质量发展、建设一流示范企业中取得的突出成绩。子分公司同样取得突出成绩。2017 年，国电电力和中国神华分别获得了"最具投资者尊重上市公司"和"最具社会责任上市公司"的荣誉。2019 年，中国神华荣获"可持续发展贡献奖"，国电电力荣获"责任信息披露卓越企业"奖、"中国上市公司董事会·金圆桌奖"；神东煤炭荣获"绿色环保奖"；龙源电力荣获"金紫荆奖·最佳投资者关系团队"；宁夏煤业羊场湾煤矿荣获"全国民族团结进步模范集体"称号。2020 年，包神铁路龙源环保入选《改革样本：国企改革"双百行动"案例集》。物资公司以品牌强度 676，品牌价值 79.15 亿元，位列"2021 中国品牌价值评价信息榜"参评产品品牌第 5 名。

第五章

展望，国家能源集团社会责任管理未来方向

本章导读

在可持续驱动社会责任管理模式引领下，国家能源集团勠力同心，守正创新，谋篇布局各项业务板块，在"化石能源清洁化，清洁能源规模化"上持续发力，通过打造一流、展示一流、推广一流，不断迈向"建设具有全球竞争力的世界一流能源集团"目标。

第五章　展望：国家能源集团社会责任管理未来方向

第一节　打造一流

2019年1月，国务院国资委印发《关于中央企业创建世界一流示范企业有关事项的通知》①，明确10家中央企业为创建世界一流示范企业，力争建设"三个领军""三个领先""三个典范"的世界一流企业。其中强调中央企业要成为履行社会责任的典范。这表明，成为社会责任的典范是衡量中央企业创建世界一流企业的重要因素。

为此，国家能源集团按照创建世界一流示范企业要求，研究起草了《创建履行社会责任典范企业实施方案》，提出未来一段时间社会责任工作的总体思路和目标是：用三到五年时间，建设"四个一"②工作体系，实现公司社会责任发展指数位居国有企业前列，企业可持续发展主要指标达到国际先进水平。同时，制定了三个阶段的创建目标。

第一个阶段是以"创新型、引领型、价值型"为导向，到2021年将在"三个三"方面取得一批标志性成果，初步建成世界一流能源示范企业。在此过程中，建立起一套较为科学的世界一流能源企业评价指标体系，形成一套创建世界一流示范企业的做法经验，为更多中国企业建设世界一流企业提供示范。到2030年是第二个阶段，国家能源集团将全面建成具有全球竞争力的世界一流能源集团，成为践行"三个三"要求的创新型、引领型、价值型的世界一流企业。到2050年是第三个阶段，国家能源集团作为世界一流能源集团的优势和竞争力更加巩固，

---

① 《创建"世界一流"，央企怎么干》，经济日报。
② 凝练一种基于企业文化的社会责任理念；塑造一个社会责任品牌；培育打造一批讲担当负责任的典范企业；总结推广一批有社会影响力的优秀责任实践案例。

成为综合实力和国际影响力全面领军的现代能源企业。

为实现"三个领军""三个领先""三个典范"目标，国家能源集团结合《中华人民共和国国民经济和社会发展第十四个五年规划和2035年远景目标纲要》，在"十四五"时期，将坚守主责主业，统筹安全、效益和转型，以打造世界一流的综合能源供应商和服务商为目标，持续巩固煤炭、煤电"压舱石""稳定器"安全保底作用，大力发展可再生能源，做清洁能源规模化发展的主力军和引领者，打造现代煤化工"升级版"，在化石能源清洁化、清洁能源规模化、能源布局集约化上持续发力，合理安排产业规模和开发项目，提高绿色低碳水平，实现碳排放达峰，保持收入利润合理增长。

建成世界一流示范煤矿。加快建设安全、高效、绿色、智能的世界一流煤矿，推进产业由高危生产向本质安全转变，由规模产量向质量效益转变，由劳动密集向技术创新转变，由生态损伤向清洁绿色转变，由传统开采向智能开采转变，由国内领先向世界一流转变。到2025年，建成世界一流示范煤矿，安全治理体系更加完善、价值创造水平持续引领、生态环保动态达标、智能开采基本实现，产业高质量发展初见成效。

为实现碳达峰、碳中和贡献力量。面对气候变化，国家能源集团将大力推进"国家能源集团生态林"建设，计划新增造林10万亩以上，矿区生态与碳汇减排协同发展。积极探索化石能源低碳减量可行先进技术，稳步推进全产业链效率提升、节能减排、用能电气化替代，加快终端用能零碳排放。未来5年预计达到7000万~8000万千瓦可再生能源装机规模，这对可再生能源行业也是重大的提振和刺激，推进企业社会责任生态圈的可持续发展。

"化石能源清洁化，清洁能源规模化"。提高资源利用效率、节能减排、资源循环利用、可再生能源发展、污染治理、生态建设修复等是人类未来经济发展永恒的主题，需要有大量的绿色技术创新来支撑和实现。国家能源集团将把握各种电源类型在电力系统中的需求定位，聚焦清洁能源发电、智慧电厂、综合能源、清洁供暖等领域，因地制宜、因资源制宜，着力提升清洁可再生能源发电比重，着力强化煤电一体化优势，突出抓好存量优化，积极布局推动风光火储一体化、水风光一体化、源网荷储一体化试点示范，推动规模化储能的商业化应用，推动新一代信息技术的深度融合，推动电力系统、电力工业更加清洁低碳、安全高效。做好鄂尔多斯"风光火储氢"千万千瓦级综合能源基地、巴彦淖尔中蒙跨境"风光火储"千万千瓦级综合能源基地、黄河上游玛尔挡综合能源基地三个重大项目的规划建设；集中分散并举，全力加大光伏发电、风电平价项目开发力度；煤电统筹退役、延寿、等容量或减容量替代和工程建设投产，实现装机达峰。

全球范围内的价值链管理和持续盈利能力。世界一流企业首先要有强大的资源掌控力以及世界范围内的行业话语权和影响力，以保证其能够充分利用国内国外两个市场，实现全球范围内的资源最优配置，参与甚至主导行业规则的制定。国家能源集团将以一流党建引领一流企业建设，建成一些世界一流的特色能源企业、专业化公司、示范单位（厂、场、矿、段或项目），拥有世界一流的知名品牌，国际业务收入增长超过100%，国有资本保值增值率不低于115%，新能源发电装机增长率不低于20%，建成一些国家级绿色矿山，火电机组污染物排放控制水平达到世界一流水平。

承担社会责任的使命感和履行能力。新时代的背景下，需要围绕"打造责任共同体"、建设"人类命运共同体"的价值理念，培育以实现中华民族伟大复兴中国梦为共同目标、以保护社会总体安全和效益最大化为出发点、具有中国式责任和担当的世界一流企业。国家能源集团将担好公益慈善事业的爱心责任，持续推进乡村振兴、生态环保等工作，顺应人民群众对美好生活的向往，回应人民群众对能源需求的关切，体现以人民为中心的发展理念，使国家能源集团创造的产品、提供的服务更好地满足人民群众多样性、多层次的能源需求。

加强 ESG 体系建设，回应资本市场发展要求。ESG 的核心理念与高质量发展的要求一脉相承，是追求经济、环境、社会综合价值最大化的发展理念，在有效引导资本市场的重要参与主体在创造经济价值的同时，关注科技创新、碳中和、乡村振兴等社会环境议题，推动经济社会可持续发展。国家能源集团将持续鼓励下属上市公司不断完善 ESG 管理体系，满足监管机构、投资机构的要求，做好信息披露工作，努力实现经济、社会、环境综合价值最大化。

第二节　展示一流

在新的发展时期，国家能源集团将积极履行中央企业社会责任，不断牢固树立社会责任理念，建立健全社会责任工作机制和管理体系，战略引领，加强顶层设计，在全面研究利益相关方诉求的基础上，通过提炼责任理念、筛选责任议题、制订责任规划，不断完善企业社会责任战略。研究探索履行社会责任的有效方式，着力强化履行社会责任的重点领域，确保完成与社会责任相关的重点任务，不断提高履行社会责任的能力和水平，凝练一种基于企业文化的社会责任理念。通过建立多种沟通渠道，保持与利益相关方的沟通联系，逐步提升企业运营透明度。继续公开发布社会责任报告，向社会各界通报履行社会责任情况；不断完善社会责任报告编制工作体系、优化资料收集方式、丰富有关数据，提升报告编制水平和沟通效果。建立固定的沟通联系机制，积极通过会见

第五章 展望：国家能源集团社会责任管理未来方向

会谈、报表报告等多种形式，加强和深化与各利益相关方的沟通联系；重视与国内外新闻媒体的交流合作，向全社会披露企业履责行为。分子公司、基层企业结合实际，采取有效方式向当地政府、股东和出资人、客户、合作伙伴、社会团体等沟通公司履行社会责任的情况，展示国家能源集团一流企业良好的社会形象。

打造成为一流企业很重要，对外展示一流、宣传一流的做法也很重要。国家能源集团将主动对接"联合国2030年可持续发展议程"，全面贯彻《国有企业更好履行社会责任的指导意见》，秉持奉献清洁能源、建设美丽中国的使命，培育社会责任文化，打造责任品牌，推进社会责任与公司品牌建设、运营管理的全面融合，展示一流能源集团的优秀做法。

2020年，国家能源集团印发了《国家能源集团创品牌一流专项方案》，将品牌建设摆在更加突出的位置，通过开展世界一流能源集团的品牌建设和社会责任对标研究，着力构建品牌建设与管理长效机制，提升品牌价值和影响力，以国家能源集团品牌建设助推国家能源现代化发展，为建设富强中国、美丽世界做出积极贡献。

国家能源集团将通过积极主动的沟通交流，使利益相关方能够更加了解集团整体的发展情况，感受集团作为负责任企业的责任担当，扩大社会责任工作的知名度和影响力，将强化与利益相关方的多元沟通，积极发布社会责任国别报告和专题报告等，并通过报纸网站开设专版专栏、制作知识宣传手册、设立"社会责任周"和举办"公众开放日"等形式加强与利益相关方沟通，提高企业的运营透明度和品牌形象，推广带动下属公司乃至能源行业履行社会责任。积极组织管理工作人员参加国资委、行业协会举办的社会责任活动和培训，及时掌握业界动态，不断提升业务能力。通过有效的社会责任推进路径、可持续的业务实践以及与利益相关方的沟通互动，成为世界一流能源集团典范企业。

第三节 推广一流

企业社会责任是一项涉及全员、全面、全过程的系统管理工作。国家能源集团将企业文化建设与企业履责实践相结合，在工作中不断积累、总结、提炼、升华企业文化内涵，注重发挥企业文化对企业日常社会责任工作和企业履责实践的引导作用，让履行社会责任成为企业文化的重要组成部分，并植根于全体员工心中，变成员工的理念、意识和实践。

对内复制、推广。公司强化内部社会责任管理，对企业履责行动提供全面、系统、科学的指导，切实解决企业履责面临的实际问题，将夯实履责基础，促进融合，优化管理运营，推动社会责任、日常运营和管理体系逐步融合，在发展战略和决策运营中落实社会责任，挖掘各产业板块具有代表性的可持续发展引领企业，总结推广一批有社会影响力的优秀责任实践案例，带动集团各级公司全面提升可持续发展履责意愿和管理能力，培育打造一批讲担当、负责任的典范企业。

对外分享、贡献。公司将积极参加各种大型社会责任论坛，向外界分享社会责任工作管理经验，助力提升能源行业企业履行社会责任的能力和认知，为中国企业未来的社会责任实践和传播贡献高价值的参考和启发。

大鹏一日同风起，扶摇直上九万里。

站在新的起点，国家能源集团将坚决以习近平新时代中国特色社会主义思想为指导，贯彻落实集团各项决策部署，加强党的领导，凝聚磅礴力量，扬帆奋楫壮阔新征程！

附　录

国家能源集团
企业社会责任大事记

2006 年：

原神华集团成为全球最大的煤炭供应商。

原神华集团朔黄铁路工程荣获首届"国家环境友好工程"称号。

温家宝总理视察原神华集团神东矿区和神华煤直接液化项目建设工地。

2008 年：

原神华集团煤直接液化示范工程投煤试车成功，使我国成为世界上唯一掌握百万吨级煤直接液化关键技术的国家。

原神华集团发布首份社会责任报告。

2009 年：

原国电集团制定《中国国电集团公司履行社会责任指引》。

原国电集团重点发展低碳经济，积极推进 CDM 国际交易，注资成为北京环境交易所股东。

原国电集团推出《新能源发展规划纲要》作为新能源发展的行动方案。

原国电集团具有完全自主知识产权的风力发电核心控制设备——国电龙源电气公司 1.5 兆瓦双馈型风电机组变流器成功下线，我国风车装上了"中国芯"。

原神华集团改善员工居住条件，开展"幸福工程"建设，努力让神华员工成为"幸福指数最高的企业员工"。

2010 年：

原国电集团荣获中国红十字会杰出奉献奖。

原国电集团荣获由国务院国资委考评的中央企业 2007—2009 年任期考核业绩优秀企业表彰。

原国电集团新增 4 个国家级研发平台，实现集团公司国家创新平台零的突破，数量位居五大发电集团之首。

原国电集团"等离子体无燃油点火及稳燃技术"荣获国家能源局科技进步一等奖。

原神华公益基金会正式成立，持续开展以神华爱心行动、神华爱心学校、神华爱心书屋为主的公益品牌活动。

2011 年：

原国电集团确定了五大发展战略，即新能源发展战略、电厂转型战略、科技创新战略、相关产业战略、国际化战略。

原国电集团获批海洋能、等离子 2 个国家级技术研发中心（实验室），使国家级研发中心增加至 6 个，企业技术中心达 8 个。

原国电集团获国家科技进步二等奖 2 项。

原国电集团烟气余热利用和水分回收项目列入"十二五"国家科技支撑计划。

原国电集团入围 2010—2011"环球时报总评榜"之"最受全球关注中国公司榜"。

原国电集团获得 2010 年全国厂务公开民主管理先进单位。

原神华集团以公司本质安全体系为基础的行业标准《煤矿安全风险预控管理体系规范》在全国推广实施，带动了行业安全生产管理水平的提高。

2012 年：

原国电集团创建"本质廉洁型"企业工作实践成果荣获全国电力行业管理创新成果一等奖。

原国电集团荣获"全国文明单位"称号。

原神华集团全面提升社会责任管理，优化了"五型企业"管理体系中社会责任绩效考核指标。

2013 年：

原国电集团 13 家单位获得中国美丽电厂称号。

原国电集团获得 2013 年全国厂务公开民主管理先进单位。

原国电集团重点建设绿色国电、创新国电。

原神华集团制定社会责任推进规划及目标，设计社会责任工作路线图。

原神华集团构建涵盖各业务板块关键责任要素的社会责任指标体系，以"五型企业"管理目标推进社会责任履行工作，建立以"五型企业"考核为基础的企业评估模型框架，包括经济效益、核心能力、社会责任三个主维度的 70 个评估指标。

2014 年：

按照"年初计划—年中落实—年末总结"的社会责任管理路径，原神华集团召开社会责任工作会议，重点在体系建设、能力建设、融入运营、责任沟通四个方面部署年度社会责任工作。

原神华集团将"提高履行社会责任的能力"纳入公司战略，将社会责任专项规划纳入"十三五"规划进行重点编制，从履行社会责任的高度统筹和规划各项工作，推动社会责任融入公司战略。

原神华集团组织开展高级管理人员社会责任管理专题培训，提高总部各部门、各子（分）公司主要领导对社会责任的思想认识；举办企业社会责任管理培训班，提高业务人员的专业水平和工作能力。

原神华集团要求利润超过10亿元的二级单位都编制社会责任报告。

原神华集团参与《中国煤炭行业社会责任指南》的编制工作，并与社科院联合编制《中国企业社会责任报告编写指南3.0之煤炭采选业》，引领煤炭行业的社会责任报告编制。

原神华集团提出"1245"清洁能源发展战略，创建世界一流清洁能源供应商及清洁能源技术方案提供商。

2015 年：

原国电集团聚焦"一带一路"倡议，坚持以提高质量和效益为中心，积极稳妥"走出去"，不断提升集团公司国际化经营能力和水平。

原国电集团按照能源"四个革命、一个合作"的总要求，坚持绿色低碳发展，带头实施节能减排，大力发展清洁可再生能源，建设清洁高效煤电机组，提升"绿色国电"品牌。

原神华集团将社会责任纳入"十三五"规划，履行社会责任真正上升到公司战略层面。

原神华集团下属的神东煤炭集团、神宁煤业集团、朔黄铁路发展公司、神朔铁路分公司、神宝能源公司等二级单位独立编制发布企业社会责任报告，澳大利亚公司发布社会责任国别报告。

附录　国家能源集团企业社会责任大事记

2016 年：

习近平总书记见证国电集团与捷克 SWH 集团签订合作协议。

习近平总书记等中央领导同志参观国家"十二五"科技创新成就展国电集团展台。

李克强总理参观澜湄合作展国电集团展台。

原国电集团大力实施创新驱动战略，扎实推进科技创新工作，坚持"强化战略引领、强化科技研发、强化平台建设、强化协同创新"。

原国电集团建成的泰州二期是世界首台百万千瓦超超临界二次再热煤电机组，引领世界火电技术发展方向，荣获国家煤电节能减排示范电站称号，成果入选"国家'十二五'科技创新成就展"。

原神华集团制定印发了《社会责任报告编印及使用管理办法》。

原神华集团首次完成全公司碳盘查工作，核算碳排放总量。

原神华集团举办"碳交易和应对气候变化"专题培训班。

2017 年：

原中国国电集团公司与原神华集团有限责任公司重组成立国家能源投资集团有限责任公司，两大能源央企的重组，开启了国内煤电央企重组先河。

建立健全"决策—管理—执行"三级联动的企业社会责任管理沟通协调机制，公司高层领导积极支持与推进社会责任融入运营管理，在集团办公厅设立社会责任处，编制 3 人，促进公司社会责任工作制度化、常态化、长效化。

成功主办"2017 国际工程科技发展战略高端论坛——清洁能源技

术与工程管理"、中国国际商会会长工作会议等高端会议，组织参加国际商会环境与能源委员会秋季工作会议和《联合国气候变化框架协议》技术委员会专家组等工作会议，关注化石能源绿色开发与清洁利用、新能源与可再生能源开发利用、智能能源系统创新等领域。

由国家能源集团主管，北京低碳清洁能源研究所主办的学术期刊《清洁能源》（*CleanEnergy*）正式创刊，并获国内、国际刊号。

"神华爱心行动"被中宣部等11个部门授予学雷锋志愿服务"四个100最佳志愿服务项目"。

集团公司援疆干部团队荣获"第八批中央和国家机关、中央企业优秀援疆干部优秀团队"称号，两位援疆干部荣获"第八批中央和国家机关、中央企业优秀援疆干部人才"称号。

下属国电电力被中国上市公司协会联合中国证券投资者保护基金公司、上海证券交易所、深圳证券交易所等机构联合评为"最具投资者尊重上市公司"百强企业，中国神华荣获金骏马"最具社会责任上市公司"奖。

下属国华印度尼西亚南苏电厂获评印度尼西亚"五佳电力企业""五佳创新电力企业""五佳100兆瓦级以上电力企业"三大奖项，并折桂印度尼西亚电力行业中最高级别荣誉——"2017年度最佳创新电力企业"。

集团公司龙源南非德阿项目正式投产发电，中国、南非两国主流媒体称赞该项目是"金砖"国家能源合作的典范。

2018年：

国家能源集团煤制油品/烯烃大型现代煤化工成套技术开发及应用和600兆瓦超临界循环流化床锅炉技术开发、研制与工程示范项目荣获国家科学技术进步一等奖。

发布三级联动的《社会责任工作沟通联动机制实施方案》。

制定《社会责任综合指标体系》，涵盖五大领域259项指标，有效回应了利益相关方诉求，强化了实质性议题识别与管理，提升了公司可持续发展能力。

与世界煤炭协会、中国煤炭工业协会、国际能源署煤炭咨询委员会联合主办2018年世界煤炭协会技术委员会会议及国际能源署煤炭工业咨询委员会助理会议、氢能联盟海南高峰论坛、首届重载铁路新技术新装备展览会等活动。

集团公司官网设立"社会责任"专题专栏，加强社会责任宣传与沟通。

荣获民政部第十届"中华慈善奖"。

五篇优秀履责案例入选国务院国资委《中央企业社会责任蓝皮书（2018）》《中央企业海外社会责任蓝皮书（2018）》。

一篇优秀履责案例入选国务院扶贫办《中国企业扶贫研究报告（2018）》并入选"企业扶贫50佳案例"。

荣获中国社会责任百人论坛"2018海外履责典范企业奖"。

发布重组后集团公司首份社会责任报告，获评中国企业社会责任报告评级专家委员会五星级最高评价并荣获《中国社会责任年鉴（2018）》"十大责任报告"称号。

神华公益基金会更名为国家能源公益基金会。

获评中国企业管理研究会"2018中国可持续竞争力卓越企业"。

下属企业荣获多项重大荣誉。中国神华荣获"2018年CCTV中国十佳上市公司""首批精准扶贫最具影响力企业"奖；国电电力荣获"中国上市公司金牛基业长青奖"、连续四届获评"最受投资者尊重的上市公司"；龙源电力荣获2018年中国证券金紫荆奖"最佳上市公司"奖；神东煤炭荣获新华网"2018年度能源绿色成就奖"、2018年中国

国家能源集团：可持续驱动型社会责任管理

"社会责任杰出企业奖"；印尼南苏电厂荣获印尼"年度最佳电力企业"等多项大奖。

2019年：

国家能源集团完善基于"天地人"文化的社会责任理念。

首次组织开展社会责任内控评价工作，牵头对企业安全生产、产品质量、环境保护、资源节约、促进就业、员工权益保护等社会责任相关职责和义务情况开展评价工作，为持续降低公司社会责任相关风险提供有力保障。

按照国内外社会责任标准与指南要求，不断完善涵盖五大领域200余项指标的《社会责任综合指标体系》，强化核心社会责任议题的识别与管理，充分保证社会责任报告质量。

研究起草《创建履行社会责任典范企业实施方案》，提出未来一段时期社会责任工作的总体思路和目标——用3～5年时间，建设"四个一"工作体系，确保公司社会责任发展指数位居国有企业前列，企业可持续发展主要指标达到国际先进水平。

下属中国神华发布首份ESG报告。

入选"中国企业300强社会责任发展指数TOP30"。

荣获"金蜜蜂2019优秀企业社会责任报告长青奖"。

入选中国可持续发展工商理事会、中国企业联合会"2019中国企业可持续发展100佳"。

连续三年被中国企业社会责任报告评级专家委员会评为五星级报告，荣获中国社会责任百人论坛"卓越责任企业奖"。

荣获全球企业可持续竞争力高峰论坛"海外可持续实践卓越企业"奖。

入选中央广播电视总台"2019中国品牌强国盛典榜样100品牌"榜单。

2020年：

国家能源公益基金会蝉联民政部5A级基金会，是央企中唯一一家蝉联全国5A级别的基金会。

集团公司获评"2019年上海证券交易所公司债券优秀发行人"称号。

两部作品获全国保密宣教评选三等奖。

24家煤矿入选全国绿色矿山名录。

入选国际氢能委员会首届董事。

集团公司位列中国社科院和责任云联合发布的"520"责任品牌指数前十。

88台火电机组获全国能效对标优胜机组称号，位居国内电力集团第一。

宁夏煤业王林荣获"全国青年岗位能手标兵"荣誉称号，平庄煤业赵磊、乌海能源刘君、江苏公司蔺琪蒙、福建公司林艺龙4名同志荣获"全国青年岗位能手"荣誉称号。

入选"2019年度中央企业负责人经营业绩考核A级企业名单"。

名列2020年《财富》世界500强排行榜第108位。

89家风电场获评"优胜风电场"，其中5A级24个，4A级28个，3A级37个，总数位列发电集团第一。

获评中国煤炭工业协会全国煤炭工业社会责任报告发布优秀企业。

名列2020中国企业500强排行榜第29位。

国家能源集团航运公司所属天津公司获评"安全诚信公司"，国家能源集团航运公司"神华801"等27艘船舶与国家能源集团黄骅港务公司"神华浚2"获评中国海事局公布的2020年"安全诚信船舶",黄骅港务上航疏浚公司2名船长获评"安全诚信船长"。

被评为"2019年度青海省脱贫攻坚工作先进单位"。

国家能源集团湖北公司青山热电厂发电部值长叶明、神东煤炭上湾煤矿综采一队队长王旭峰被授予"中央企业抗击新冠肺炎疫情先进个人"。

荣获中国电力企业联合会2020年全国电力行业企业文化故事会活动二等奖。

国家能源集团审计系统获得中国内审协会"全国内部审计先进集体"荣誉称号。

集团下属的中国神华能源股份有限公司(本部)、宁煤羊场湾煤矿、谏壁发电厂等16家单位获评"全国文明单位"。

下属科环集团北京国电智深控制技术有限公司田雨聪、宁夏煤业有限责任公司烯烃二分公司杜正平等10名职工荣获"全国劳动模范"荣誉称号。

荣获民政部第十一届"中华慈善奖"。

荣获国家能源局两项普法活动"优秀组织奖"。

2021年:

国家能源集团扶贫办扶贫工作处、大渡河公司、西藏公司3家单位荣获"全国脱贫攻坚先进集体"荣誉称号,四川公司胡小明荣获"全国脱贫攻坚先进个人"荣誉称号。

集团公司成为在交易所市场首家披露发行公告的碳中和绿色债发行人。

所属北京低碳清洁能源研究院以高功率密度液流电池储能关键技术荣获"2021储能技术创新典范TOP10"奖项，是唯一一家液流电池储能技术获奖企业。

国家能源集团海控新能源有限公司大广坝水电厂和国家能源集团西藏尼洋河流域水电开发有限公司荣获"全国五一劳动奖状"、神华巴彦淖尔公司洗煤厂储备车间生产线班长王飞荣获"全国五一劳动奖章"、国能（绥中）发电有限责任公司维护部综合专业脱硫班等14个集体荣获"全国工人先锋号"称号。

《国家能源集团2020年社会责任报告》被中国企业社会责任报告评级专家委员会评为顶级"五星佳"级。